Führung von Gruppen

Arbeitshefte Führungspsychologie

Herausgegeben von Prof. Werner Bienert, Ludwigshafen und
Prof. Dr. Ekkehard Crisand, Wilhelmsfeld

Band 16

Führung von Gruppen

Gruppenführung mit System

von

Horst-Joachim Rahn
Dipl.-Betriebswirt, Dipl.-Kaufmann
Grünstadt

4., überarbeitete Auflage 1998

Mit 12 Abbildungen und Tabellen, 36 Beispielen
16 Wiederholungsaufgaben und 53 Fällen zum Meistertraining

I. H. Sauer-Verlag GmbH
Heidelberg

1. Auflage 1987 ISBN 3-7938-7774-4
2. Auflage 1992 ISBN 3-7938-7067-7
3. Auflage 1995 ISBN 3-7938-7120-7
4. Auflage 1998 ISBN 3-7938-7199-1

Die Deutsche Bibliothek – CIP-Einheitsaufnahme

Rahn, Horst-Joachim:

Führung von Gruppen : Gruppenführung mit System; mit Tabellen, 36 Beispielen, 16 Wiederholungsaufgaben und 53 Fällen zum Meistertraining / von Horst-Joachim Rahn. – 4., überarb. Aufl. – Heidelberg : Sauer, 1998

(Arbeitshefte Führungspsychologie ; Bd. 16)
ISBN 3-7938-7199-1

ISBN 3-7938-7199-1

Satz: Lichtsatz Michael Glaese GmbH, 69502 Hemsbach

Druck und Verarbeitung: Progressdruck GmbH, 67346 Speyer

Umschlagentwurf: Horst König, 67067 Ludwigshafen

♾ Gedruckt auf säurefreiem, alterungsbeständigem Papier, hergestellt aus chlorfrei gebleichtem Zellstoff (TCF-Norm)

Printed in Germany

Vorwort zur 4. Auflage

Nachdem sich die dritte Auflage weiterhin gut verkauft hat, ist eine Neuauflage erforderlich geworden. Die bisherige Auflage wurde durchgesehen und aktualisiert.

Mein Dank gebührt allen Lesern, die durch ihre Beiträge verschiedene Änderungen ausgelöst haben. Zu danken habe ich vor allem Herrn *Prof. W. Bienert*, Herrn *Prof. Dr. Crisand* und Herrn *Prof. Kl. Olfert* für ihre Unterstützung. Besonderer Dank gebührt meiner verständnisvollen Frau Isolde.

Grünstadt, im Herbst 1998 *Horst-Joachim Rahn*

Vorwort zur 1. Auflage

Informationen und Arbeitsmaterialien zur Führung von Gruppen werden nicht nur von Führungskräften, sondern auch im Rahmen des Studiums an Hochschulen benötigt. Diese Abhandlung soll Einblicke in die Struktur von Führungsproblemen geben. Viele Beispiele aus der *Führungspraxis* sollen die Probleme verdeutlichen und lösen helfen.

Die Aufbereitung des Stoffes erfolgt unter lernpsychologischen Gesichtspunkten mit dem Ziel, dem Interessenten eine schnelle und leichte Aufnahme des Inhalts zu ermöglichen. Der Leser wird Anregungen für die *tägliche Führungsarbeit* erhalten. Die Inhalte dieses Arbeitsheftes zur Führungspsychologie sollen sowohl praxisnah formuliert als auch theoretisch fundiert sein. Somit werden sowohl dem Praktiker, der Grundlagen für die erfolgreiche Bewältigung der Führungsaufgaben in seiner Gruppe benötigt, als auch dem orientierungssuchenden Studenten Führungsunterlagen an die Hand gegeben.

Die Beurteilung von *Führungssituationen* hängt in hohem Maße von dem zugrundeliegenden *Führungsverständnis* ab. Wir unterstellen, daß Führungskräfte eine positive Einstellung zum Menschen haben und daß sie ihre Gruppenmitglieder als Partner betrachten. Unsere Ausführungen gehen davon aus, daß Führungskräfte ihre Kenntnisse über das Verhalten von Menschen nicht im Sinne von Manipulation ausnutzen. Wenn wir teilweise den Versuch unternehmen, die Führungssituationen stark vereinfacht darzustellen, dann geschieht dies, um Ansatzpunkte für praktisch anwendbare und *erfolgsbezogene Führungsmaßnahmen* zu gewinnen.

Grünstadt, im Frühjahr 1987

Horst-Joachim Rahn

Inhaltsverzeichnis

1. Grundlagen der Führung von Gruppen

1.1 Erfolgsbezogene Führung

Wenn eine Gruppe Erfolg haben soll, dann muß sie von ihrem Leiter entsprechend geführt werden. *Gruppenführung* bedeutet, ein Gruppenmitglied bzw. eine Gruppe unter Berücksichtigung der jeweiligen Gruppensituation und unter Einsatz von Führungsinstrumenten – auf einen gemeinsam zu erzielenden Gruppenerfolg hin – zu beeinflussen[1].

Die *Gruppenführung* hängt von folgenden Einflußfaktoren[2] ab:

a) von der Führungskraft selbst
b) von den einzelnen Gruppenmitgliedern
c) von der Gruppe als Ganzes
d) vom gemeinsam erzielten Gruppenerfolg
e) von der jeweiligen Gruppensituation

Zu a) Die *Persönlichkeit einer Führungskraft* ist durch besondere Merkmale und Eigenheiten geprägt. Diese Besonderheiten wirken sich auf das Führungsverhalten aus.

Zu b) Die Merkmale und Verhaltensweisen der *Gruppenmitglieder* beeinflussen erheblich die Art der Führung.

Zu c) Auch die Struktur bzw. die Aufgaben der Gruppe als Ganzes wirken sich auf die Führung aus. Die Gruppendynamik ist zu beachten.

Zu d) Ein wesentlicher Einflußfaktor der Gruppenführung ist der gemeinsam erzielte *Erfolg bzw. Mißerfolg.* Die Führung gestaltet sich danach, ob eine Gruppe ihre Leistungsziele erreicht hat, ob sie zusammenhält oder ob die Gruppenmitglieder ihre eigenen Wege gehen.

Zu e) Die Gegebenheiten der jeweiligen *Gruppensituation* haben ebenfalls besondere Bedeutung.

---

1 Die Gruppenführung gliedert sich in die betriebliche Führung ein, die aus der Unternehmens-, Bereichs-, Gruppen- und Individualführung besteht (vgl. *Rahn, H. J.:* Betriebliche Führung, S. 24; *Olfert, K./Rahn, H. J.*: Lexikon der Betriebswirtschaftslehre, Nr. 352).

2 Diese Einteilung basiert auf Grundgedanken der Interaktionstheorie, die insbesondere im deutschen Sprachraum hervorgetreten ist. Dieser Ansatz geht auf die Feldtheorie von *Kurt Lewin* zurück. Die Interaktionstheorie sieht die Führung vor allem als Funktion der Persönlichkeit und des sozialen Systems der Gruppe (vgl. *Schanz, G.:* Verhalten in Wirtschaftsorganisationen, Kapitel 9; *Lukaszyk, K.:* Zur Theorie der Führerrolle, S. 179 ff.; *Macharzina, K.:* Neuere Entwicklungen in der Führungsforschung, S. 13 ff.).

Merke:
- Eine Führungskraft beeinflußt
- die einzelnen Gruppenmitglieder,
- die unter Berücksichtigung einer Situation
- im Hinblick auf einen gemeinsamen Erfolg
- in einer Gruppe zusammenarbeiten.

Wir sprechen von einer *Gruppe*[3], wenn eine geringe Anzahl von Gruppenmitgliedern innerhalb einer bestimmten Zeitspanne häufig in gegenseitiger Wechselwirkung steht.

Die *Gruppenführung* betrachten wir als ein Instrument, um die Arbeitsleistung der Gruppe zu erhalten bzw. zu verbessern. Die *Führung von Gruppen* durch eine Führungskraft ist auf Erfolg ausgerichtet. Ob eine Gruppe Erfolg hat, zeigt sich nicht nur in dem Grad der Erfüllung vereinbarter Leistungsziele; über das reine Leistungsstreben hinaus ist das Zusammengehörigkeitsgefühl der Gruppenmitglieder von Bedeutung für den *Gruppenerfolg.* Die Erhaltung der Gruppe liegt sowohl im Interesse der Gruppe als auch im Interesse des Gruppenmitglieds. Außerdem hat z. B. ein Mitarbeiter im Betrieb den Wunsch, seine Bedürfnisse zu befriedigen. Er erlebt deren Erfüllung als Erfolg, den man als *Individualerfolg* bezeichnen kann[4].

Merke:
Das Fortbestehen einer Gruppe wird gesichert, wenn sowohl die Gruppeninteressen als auch die Interessen der Gruppenmitglieder befriedigt werden.

Manche Musikgruppe hat es fertiggebracht, ihre Gruppenziele zu befriedigen und sogar Weltruhm zu erreichen. Über Jahre hinweg wurden sowohl Gruppenerfolg als auch Individualerfolg erzielt. Im Laufe der Zeit verstärk-

---

3 Vgl. *Homans, G. C.:* Theorie der sozialen Gruppe, viertes Kapitel; *Bastine, R.:* Gruppenführung, S. 1654; *Beyer, H. T.:* Personallexikon, S. 155–158; *Rosenstiel, L. v.:* Grundlagen der Organisationspsychologie, S. 227–302, insbesondere S. 270 ff.; *Wunderer, R./Grunwald, W.:* Führungslehre, Band 2, S. 202 ff.; *Staehle, W. H.:* Management, S. 246 ff.

4 Für unsere Betrachtungen bleiben allerdings reine Egoismen bestimmter Gruppenmitglieder von untergeordneter Bedeutung.

ten sich die Einzelinteressen erheblich. Da sich die Gruppenmitglieder nicht genug für die Erhaltung der Gruppe einsetzten, fiel sie auseinander. Die ehrgeizigen Versuche der Musiker, auch als Einzelpersonen Individualerfolge zu haben, schlugen fehl.

Merke:
Erfolgsorientierte Gruppenmitglieder sollten sich also so verhalten, daß
- sowohl der zielbezogene bzw.
- der erhaltungsbezogene Gruppenerfolg
- als auch der Individualerfolg

erreicht werden.

Der *Erfolg* einer Gruppe bzw. ihrer Gruppenmitglieder wird von folgenden Faktoren[5] bestimmt:

1. Persönlichkeitsfaktoren der Führungskraft
2. Merkmale der Persönlichkeit von Gruppenmitgliedern
3. Faktoren der Gruppe als Ganzes
4. Bestimmungsfaktoren der Situation
5. Einflüsse von Führungsinstrumenten

Zu 1) Persönlichkeitsfaktoren der Führungskraft

Die Persönlichkeit eines Menschen kann man anhand verschiedener Modelle erklären[6]. Die Merkmale der Persönlichkeiten von Vorgesetzten können sich erheblich unterscheiden. Während z. B. manche Führungskräfte sehr nervös und leicht reizbar sind, verhalten sich andere Vorgesetzte beherrscht und souverän.

5 *Vollmer* setzt sich mit den grundsätzlichen Ursachen von Erfolg und Mißerfolg im Unternehmen auseinander (*Vollmer, G. R.:* Ursachen von Erfolg und Mißerfolg im Betrieb). *Krech/Crutchfield/Ballachey* unterscheiden zwischen unabhängigen Struktur-, Umgebungs- und Aufgabenvariablen. Führungsstil und Motivation zählen zu den dazwischenliegenden Variablen. Als abhängige Variable werden die „Produktivität" der Gruppe und die Zufriedenheit der Mitglieder genannt. Dieser Situationsansatz hebt die Persönlichkeitsmerkmale der Führungskraft und der Gruppenmitglieder nicht so hervor, wie es ihrer Bedeutung im Rahmen der Führungsproblematik entspricht (vgl. *Krech, D./Crutchfield, R. S./ Ballachey, E. L.:* Individual in Society, insbes. Fig. 13.1).

6 Vgl. *Crisand, E.:* Psychologie der Persönlichkeit, 3.–5. Kap.

Von einer souveränen Führungskraft wird beispielsweise erwartet, daß sie belastbar, entscheidungs- und urteilsfähig bzw. selbstbewußt ist. Eine Führungskraft mit solchen Persönlichkeitsmerkmalen kann erheblich zum Erfolg der Gruppe beitragen.

Merke:
Wenn der Chef als souveräne Persönlichkeit von der Gruppe geschätzt wird, dann werden sich die Gruppenmitglieder mit dieser Führungskraft identifizieren.

Die Vorbildfunktion des Vorgesetzten wirkt sich positiv auf den Erfolg einer Gruppe aus.

Zu 2) Persönlichkeitsmerkmale der Gruppenmitglieder

Unterschiedliche Persönlichkeitsmerkmale der Gruppenmitglieder drücken sich in den Anlagen, Motiven, Fähigkeiten, Erwartungen, Erfahrungen, individuellen Zielen, Rollenmerkmalen, Antrieben bzw. in der Bereitschaft und dem Engagement aus. Diese Kriterien können den Erfolg bzw. Mißerfolg einer Gruppe erheblich beeinflussen.

Beispiel:
Eine Gruppe im Industriebetrieb besteht aus engagierten und leistungsbereiten Verkäufern, die durch ihre Bemühungen zum Gruppenerfolg beitragen.

Eine der wichtigsten Erkenntnisse der Betriebsuntersuchungen von *Peters* und *Waterman*[7] war, daß Kreativität und Engagement der Mitarbeiter für den Erfolg mehr bringen als alle Finanzmittel und ausgereiften Planungen zusammen.

Zu 3) Faktoren der Gruppe als Ganzes

Hier kann man zwischen aufgaben-, struktur- und außenbezogenen Faktoren unterscheiden. Zu den aufgabenorientierten Bestimmungsfaktoren gehören Art und Schwierigkeit der Gruppenaufgabe. Mißerfolge können entstehen, wenn die zur Lösung der Gruppenaufgabe vorgegebene Zeit nicht ausreicht oder wenn die räumlichen Gegebenheiten Anlaß zur Klage geben.

Als außenbezogene Einflußfaktoren können z. B. Beziehungen zu anderen Gruppen bzw. die Stellung der Gruppe in der Gesamtorganisation genannt werden.

---

7 Vgl. *Peters, Th. J./Waterman, R. H.:* Auf der Suche nach Spitzenleistungen.

Zu den strukturellen Faktoren zählen die Gruppengröße, die bestehende Rangordnung, gegebene Verbindungskanäle, die Art der Gruppenbildung und die Gruppenzusammensetzung.

Beispiel:
In der Produktionshalle haben sich drei Teilgruppen gebildet, die von je einem Gruppenführer angeführt werden. Zwischen den Teilgruppen entstehen „Positionskämpfe“, die den Gesamtgruppenerfolg gefährden.

Zu 4) Bestimmungsfaktoren der Situation

Eine Gruppe ist vor allem Einflüssen der Arbeits- bzw. Privatsphäre ausgesetzt.

Im Rahmen der Arbeitssituation sind die Arbeitsaufgabe des Gruppenmitglieds und die sich daraus ergebenden Kompetenzen bzw. die zugehörige Verantwortung von Bedeutung. Ein Zuständigkeitsdefizit kann Identifikationsmängel auslösen, die nicht dem Gruppenerfolg dienen. Außerdem können die Ausstattung des Arbeitsplatzes, die Gestaltung der Arbeitszeit, das Arbeitsentgelt und die Entfaltungsmöglichkeiten den Erfolg beeinträchtigen. Zu diesen Einflußgrößen zählen auch die Wirkfaktoren der gesamten Organisation (z. B. Betriebsziele, Organisationsstruktur). Diese wird von organisationsexternen Faktoren beeinflußt (z. B. Arbeitsmarkt, Konkurrenz, Gesellschaft).

Die Privatsphäre kann ebenfalls für den Gruppenerfolg bzw. -mißerfolg entscheidend sein (Freizeitverhalten, Mitgliedschaft in einer Clique, familiäre Einflüsse usw.).

Beispiel:
Drei Maurer eines Baubetriebes helfen in ihrer Freizeit einem Kollegen beim Bau seines Privathauses. Zu Wochenbeginn ist diese Gruppe nicht mehr in der Lage, für den Betrieb eine ausreichende Leistung zu erbringen.

Zu 5) Führungsinstrumente als Einflußgrößen

Der Erfolg einer Gruppe wird nicht zuletzt von den *Anreizen* bestimmt, die sie erfährt. Solche Führungsmaßnahmen sind in materieller Form als Lohn- bzw. Gehaltserhöhungen und in immaterieller Form als Beförderung denkbar. Es ist auch möglich, daß im Betrieb neue Führungsgrundsätze aufgestellt werden, die dem Mitarbeiter mehr Entfaltungschancen geben. Der Vorgesetzte kann außerdem die Größe der Gruppe oder die formelle Rangordnung bzw. die Gruppenzusammensetzung ändern. Auch das *konkrete Führungsverhalten* des Chefs (Kritik, Lob usw.) kann den Gruppenerfolg beeinflussen. Weiterhin sind *Führungsstil* und *Führungsgespräche* zu beachten.

Die Führungsgespräche kann man in *Personen-, Sach- und Konfliktgespräche* unterteilen.

Während in einem *Personengespräch* über menschliche Probleme gesprochen wird, basieren *Sachgespräche* auf Problemen der Organisation. Besteht zwischen den Gesprächspartnern *keine* übereinstimmende Auffassung, dann ist es ein *Konfliktgespräch.*

Wenn diese Führungsgespräche auch verschiedene Verhaltensweisen erfordern, so sind doch bei allen drei Gesprächsarten bestimmte Grundverhaltensweisen zu beachten[8].

- Der Führende sollte sich ein Bild von dem Gruppenmitglied machen.
- Das Verhalten des Gesprächsführers beeinflußt entscheidend das Verhalten des Gesprächspartners und umgekehrt.
- Von einer Führungskraft wird verlangt, daß sie aktiv zuhören und die verschiedenen Gesprächsebenen auseinanderhalten kann.
- Es wird vom Vorgesetzten auch erwartet, daß er die richtigen Botschaften an die Gruppenmitglieder weitergibt.
- Wenn Vorgesetzte erkennen, daß die Arbeit der Mitarbeiter nicht zu dem *gewünschten Erfolg* führt, so sind sie verpflichtet, die Schwierigkeiten gemeinsam mit ihren Mitarbeitern zu besprechen und für Abhilfe zu sorgen[9].

Der Führungsstil des Vorgesetzten hängt zu einem großen Teil von seiner eigenen Persönlichkeit ab. Jede Führungskraft sollte deshalb ihre *eigenen Verhaltensweisen kennen.* Darüber hinaus wird sich der Chef mit den Persönlichkeitsmerkmalen seiner Gruppenmitglieder genauer befassen.

Wie kann man darüber Aufschlüsse erhalten[10]?

Folgende Fragen sollte sich jede Führungskraft stellen:

- Kenne ich meine eigenen Verhaltensweisen?
- Kenne ich mein Persönlichkeitsprofil?
- Kenne ich das Persönlichkeitsprofil meiner Gruppenmitglieder?

---

8 Vgl. *Crisand, E.:* Psychologie der Gesprächsführung.
9 Vgl. *Sahm, A.:* Übungsziel: Führungsverhalten, Kapitel 2.2 (Führungsgrundsätze).
10 Vgl. die ausführliche Darstellung von *Crisand, E.:* Psychologie der Persönlichkeit, Kapitel 5.2.

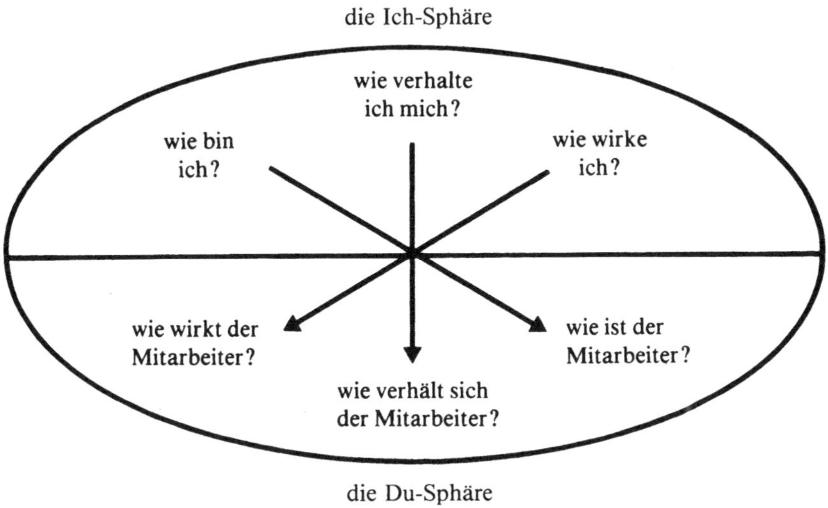

Fragestellung	*Erkenntnisweg*
1. Wie bin ich?	Feststellung durch *testpsychologische* Untersuchungen in Stufen (Selbstanalyse, Fremdanalyse, Testanalyse)
2. Wie verhalte ich mich?	Antworten ergeben sich aus *Videoaufnahmen* (Aufzeichnungen geben Gelegenheit zur Verhaltensanalyse)
3. Wie wirke ich?	Feststellung durch *Befragung* der Gruppenmitglieder oder Aufschlüsse im Rahmen *gruppendynamischer Seminarbesuche*
4. Welche Rolle spielen die einzelnen Gruppenmitglieder in der Gruppe?	Erstellung und Analyse von *Soziogrammen,* um die Stellung des einzelnen Gruppenmitglieds in der Gruppe zu erfahren (Besuch *gruppendynamischer Seminare*)

Nicht zuletzt wirkt sich die Art des *Führungsstils* auf den Gruppenerfolg aus:

Beispiel:
Ein sehr strenger Lagerleiter mit autoritärem Führungsstil wird einer Gruppe zugeteilt. Er tadelt zu Wochenbeginn zwei an sich leistungsbereite Lagerarbeiter in überzogener Weise vor der gesamten Gruppe. Der Gruppenzielerfolg wurde nicht erreicht, weil man daraufhin „Dienst nach Vorschrift" leistete.

Die *autoritäre* bzw. *bürokratische* Führung ist nach unserem Führungsverständnis heute nicht mehr angebracht. Gemäß den Thesen zum *situativen* Führungsstil sollen sich die Führungsmaßnahmen nach dem jeweiligen Reifegrad einer Person richten. Zwar hat diese Sichtweise ohne Zweifel neue Gedanken in die Führungsdiskussion eingebracht, aber es werden andere wesentliche Einflußfaktoren der Führung bzw. des Gruppenerfolgs nicht beachtet.

Demgegenüber bezieht die Konzeption der *kooperativen* Führung wesentlich mehr Bestimmungsfaktoren in die Führungsbetrachtungen ein. So sind z. B. Ziele, Organisationsstruktur, Führungsanweisungen, Führungsaufgaben und Führungsgrundsätze zu nennen. Allerdings berücksichtigt diese Führungskonzeption kaum die gruppenspezifischen Einflüsse der Führung.

Die einschlägige Literatur hat in ihren Untersuchungen manche Probleme der Führung von Gruppen und ihrer Mitglieder vernachlässigt. Deshalb erscheint es angebracht, Thesen zur *gruppenbezogenen* Führung (vgl. Kap. 4) aufzustellen.

Von den vielen Beeinflussungsfaktoren des Erfolgs einer Gruppe haben *Führungsstil und Persönlichkeitsmerkmale* hervorragende Bedeutung (vgl. S. 17).

Auf den engen Zusammenhang zwischen *Führung und Leistung* wurde bereits hingewiesen. Folgende Beispiele sollen Maßnahmen der *Führungskraft gegenüber der Gruppe* verdeutlichen:

1. Da die Gruppe die Ziele erfüllt hat, wird sie von der Führungskraft gelobt. Diese Anerkennung wirkt sich auf die Gruppenleistung positiv aus.
2. Die Lohnsätze für den Gruppenakkord werden zugunsten der Gruppenmitglieder geändert, damit Leistungsanreize für die Gruppe geschaffen werden.
3. Der vom Chef angeregte Ausflug führt zu zwischenmenschlichen Beziehungen, die sich auch auf die gemeinsame Arbeitsleistung der Gruppe positiv auswirken.
4. Einem leistungsstarken Gruppenleiter wird in Aussicht gestellt, daß er zum Abteilungsleiter befördert wird. Diese Führungsmaßnahme wirkt auf ihn als Anreiz für Mehrleistung.

1.2 Arten von Gruppen

Man kann Gruppen nach der Größe, der Art der Institution, der Tätigkeitsform, dem Grad der Solidarität, dem Alter der Mitglieder und der Art der Ziele unterscheiden[11] (vgl. Übersicht, S. 18).

---

11 Vgl. zu den Arten von Gruppen auch: *Richter, M.:* Personalführung im Betrieb. Führungswissen für Vorgesetzte, Kap. Gruppen im Betrieb.

Zusammenfassung der Einflußfaktoren des Erfolgs			
Persönlichkeitsfaktoren	Gruppenbezogene Faktoren	Situationsbezogene Faktoren	Führungsorientierte Faktoren
1. *Persönlichkeitsmerkmale der Führungskraft* Belastbarkeit, Selbstwertgefühl, Selbstbewußtsein, Intelligenz, Urteilsfähigkeit, Entscheidungsfähigkeit, Integrität, Repräsentation, soziale Aktivität, Engagement, Verantwortungs- und Leistungsbereitschaft 2. *Persönlichkeitsstruktur der Gruppenmitglieder* Anlagen, Motive, Fähigkeiten, Erfahrungen, Bereitschaft, Ziele, Antriebe, Eignung, Rollen, Erwartungen	1. *Aufgabenorientierte Faktoren* Art und Schwierigkeit der Gruppenaufgabe, Probleme mit Zeit und Raum 2. *Außenbezogene Einflüsse* Beziehungen zu anderen Gruppen, Stellung der Gruppe in der Gesamtorganisation 3. *Strukturelle Faktoren* Gruppengröße, bestehende Rangordnung, gegebene Verbindungskanäle, Art der Gruppenbildung, Gruppenzusammensetzung	1. *Arbeitsplatzsituation* Arbeitsaufgabe, Kompetenzen, Verantwortung der Gruppenmitglieder, Ausstattung des Arbeitsplatzes, Gestaltung der Arbeitszeit, Angemessenheit des Arbeitsentgelts, Entfaltungsmöglichkeiten 2. *Organisationssituation* Betriebsziele, Organisationsstruktur, externe Umwelt 3. *Privatsituation* Familie, Clique, Freizeit	1. *Führungsmaßnahmen* Lohn- und Gehaltsänderungen, Erhöhung der Erfolgsbeteiligung, Aufstiegsmöglichkeiten, Anreize, Zielorientierung, Zusammenhalt pflegen, Führungsgespräche, Führungsgrundsätze schaffen 2. *Gruppenorientierung* Größe, Ränge, Zusammensetzung ändern 3. *Führungsstil* gruppenorientierter Führungsstil 4. *Führungsverhalten* Leistungsvorbild, Menschlichkeit, Güte und Strenge, Kritik und Lob, Sachlichkeit und Humor zeigen

Von einer *Primärgruppe* spricht man, wenn es sich um eine Reihe von Personen handelt, die in einer bestimmten Zeitspanne häufig miteinander Umgang haben. Die Gruppe ist so klein, daß jeder mit jedem in Verbindung treten kann. Solche Gruppen existieren beispielsweise als Kinder-, Jugend- und Erwachsenengruppen.

Faßt man den Gruppenbegriff sehr weit, so ergibt sich die sog. *Sekundärgruppe,* die z. B. eine ganze Nation umfassen kann. In den folgenden Abschnitten sollen *ausschließlich Primärgruppen* untersucht werden, die es in verschiedenen Institutionen gibt (z. B. Betriebsgruppen).

Die abzuleitenden Thesen sollen also für Gruppen gelten, die im Face-to-face-Kontakt stehen. Als solche entwickeln sie ein sog. „Wir"-Verhalten in der *Binnengruppe* und ein sog. „Die"-Verhalten gegenüber *Außengruppen.* Der Zusammenhang zwischen Binnengruppen-Solidarität und Distanzierung gegenüber Außengruppen wird später untersucht. Zwischen verschiedenen Gruppen kann es eine Leistungskonkurrenz geben.

Man kann beispielsweise folgende *Arten von Gruppen* unterscheiden:

1. Nach der Größe	*Beispiele*
a) Primärgruppen	Kleingruppe, Familie
b) Sekundärgruppen	Großgruppe, Betrieb
2. Nach der Institutionsart	
a) Betriebsgruppen	in Unternehmen
b) Seminargruppen	in Hochschulen
c) Vereinsgruppen	im Sportverein
3. Nach der Tätigkeitsform	
a) Arbeitsgruppen	Verkäufergruppe
b) Spielgruppen	Musikergruppe
c) Diskussionsgruppen	Politikergruppe
4. Nach dem Solidaritätsgrad	
a) Binnengruppen	„Wir"-Verhalten
b) Außengruppen	„Die"-Verhalten
5. Nach dem Alter	
a) Kindergruppen	Spielplatz
b) Jugendgruppen	Jugendhaus
c) Erwachsenengruppen	Arbeitsbereich
6. Nach den Zielen	
a) Formelle Gruppen	Betriebsabteilung
b) Informelle Gruppen	Kantinengemeinschaft

Aus diesen Arten von Gruppen soll die Unterscheidung zwischen *formellen und informellen Gruppen* herausgehoben werden.

Merke:
- Während *formelle* Gruppen im Sinne der betrieblichen Zielerreichung geplant und bestimmt werden,
- bilden sich *informelle* Gruppen nach menschlichen Gesichtspunkten spontan und ungeplant.

Informelle Gruppen sind durch gefühlsmäßige Bindungen zwischen den Gruppenmitgliedern gekennzeichnet und haben damit von der formellen Organisation unabhängige Begründungen. Die folgenden Beispiele sollen diesen Zusammenhang verdeutlichen:

Beispiel für eine *formelle* Gruppe:
In einer Einkaufsabteilung arbeiten Einkaufsleiter, Gruppenleiter und vier Einkäufer zusammen. Die verschiedenen Ränge bestimmen sich aus Betriebszielen.

Beispiel für eine *informelle* Gruppe:
Je zwei Mitarbeiter der Personal- bzw. Verkaufsabteilung treffen sich in ihrer Freizeit zum Squash-Spiel in einem Verein. Aufgrund dieses gemeinsamen Hobbys essen sie auch im Werkskasino zusammen.

Was bedeuten diese Erkenntnisse für die Führungspraxis? *Formelle* Gruppen, die ein ausgeprägtes „Wir"-Verhalten entwickeln, können eine erhebliche Leistungssteigerung bewirken.

Beispiel:
Eine Gruppe von Verkäufern schneidet bei der monatlichen Verkaufsabrechnung erheblich besser als die anderen Gruppen ab. Man hilft sich gegenseitig und hat ein starkes Zusammengehörigkeitsgefühl.

Auch *informelle* Einflüsse können auf eine Gruppe leistungsfördernd wirken.

Beispiel:
Die beiden Personalmitarbeiter, die mit den Verkäufern in ihrer Freizeit Squash spielen, halten auch in der formellen Gruppe zusammen und erreichen ihre Leistungsziele.

Informelle Einflüsse führen aber *nicht in jedem Falle* zum Erfolg einer Gruppe.

Beispiel:
Eine Gruppe von 20 Arbeitskräften soll auf einer Baustelle im Ausland schwierige Reparaturaufgaben lösen. Der Chef schickt seine beiden besten Fachleute A und B mit auf diese Baustelle. Schon nach kurzer Zeit gibt es Ärger und Querelen.

Nach *Untersuchung der Führungssituation* stellte sich heraus, daß sowohl Fachmann A als auch Fachmann B ehrgeizige, informelle Gruppenführer sind. Beide haben in der Gruppe ihre „Hausmacht“. Da sie sich gegenseitig „bekriegen“, leidet der Gesamterfolg der Gruppe.

In solchen Fällen sollte *vorher* überlegt werden, ob die beiden Führungskräfte miteinander auskommen. Sind die beiden Fachleute zu dominant, leidet die Gesamtleistung der Gruppe. Deshalb hätte man besser einen etwas weniger fachkundigen zweiten Fachmann auswählen sollen, der anpassungsfähiger ist.

Nicht selten beeinflußt auch persönliche Verärgerung des informellen Gruppenführers dessen Verhalten gegenüber der Gruppe.

Beispiel:
Eine Frauengruppe in einem Schichtbetrieb streikt. Der Meister ist erschüttert darüber, daß die Gruppenmitglieder nicht weiterarbeiten wollen. Die informelle Gruppenführerin stachelte die anderen Frauen zu dieser Verweigerungshaltung an.

Nach der *Analyse der Führungssituation* ergab sich, daß die informelle Führerin der Gruppe in einen privat bedingten Konflikt gekommen war. Sie ist die Ehefrau des Leiters des Arbeitsamtes dieser Stadt. In der Frauengruppe fühlt sie sich wohl und möchte sich nebenbei etwas Geld verdienen. Für Freitagabend hatte sie sich ein Abendkleid in einem stadtbekannten Geschäft zurücklegen lassen.

An diesem Freitag fällt der EDV-Rechner aus, so daß das Wochengeld nicht ausgezahlt werden kann. Die Rollenunsicherheit und der evtl. in dem Kleidergeschäft zu erwartende Ärger führten zu obigen Folgen. Die informelle Gruppenführerin hatte ihre eigenen Probleme zu Problemen der Gruppe gemacht.

Nicht selten liegen die Gründe für das Verhalten einer Gruppe nicht im sachlichen, sondern im emotionalen Bereich. Deshalb wird der Chef Gruppenreaktionen immer auf deren eigentlichen Grundgehalt untersuchen.

Merke:
Der formelle Gruppenführer sollte auch die Eigenheiten seiner informellen Gruppenführer kennen.

Wesen und Ausprägung einer Gruppe werden durch die Merkmale und Eigenarten ihrer Gruppenmitglieder geprägt. Es gilt aber auch umgekehrt, daß die Zugehörigkeit zu einer Gruppe auf das Individuum abfärbt.

Merke:
- Das einzelne Gruppenmitglied formt die Gruppe,
- aber das Gruppenmitglied wird gleichzeitig durch die Gruppe geformt.

Die Führungskraft sollte ihre Führungsmaßnahmen nicht nur an den Merkmalen der Gruppenmitglieder orientieren, sondern auch an denen der Gruppe, denn die Gruppe hat eine eigene Existenz: Sie besteht auch bei Wechsel der Mitglieder weiter.

1.3 Rollenverhalten im Führungsprozeß

Beobachtet man Führungskräfte und Gruppenmitglieder über einen längeren Zeitraum, so fällt auf, daß diese recht unterschiedliche Rollen spielen.

Merke:
- Eine Rolle ist eine festgelegte Handlungsfolge,
- ein Verhaltensmuster, das von einer Person
- in einer Wechselwirkungssituation
- durchgeführt wird.

Beispiel:
In einem Führungsseminar hat der Personaltrainer die Rolle des Seminarleiters zu spielen, während die Seminarteilnehmer sich in der Rolle der Lernenden befinden.

Die Lernenden haben bestimmte *Rollenerwartungen,* denn sie setzen bestimmte Verhaltensmuster bei ihrem Dozenten voraus. Man erwartet, daß der Leiter des Seminars Sachverstand hat, Verständnis aufbringt und Autorität ausstrahlt. Außerdem soll er den Teilnehmern Führungskenntnisse und Führungsfertigkeiten vermitteln. Umgekehrt erwartet der Führende, daß die Seminarteilnehmer Lernbereitschaft, Zielstrebigkeit, Kritikfähigkeit usw. mitbringen. Als Mitglieder von Gruppen verschiedener Institutionen kann ein Mensch ganz unterschiedliche Rollen spielen.

Beispiel:
Ein Produktionsexperte ist nicht nur Gruppenleiter in einem Betrieb und Vater in seiner Familie, sondern er spielt auch als Trainer in seinem Sportverein eine Rolle.

Bei der Wahrnehmung dieser Rollen kann eine Führungskraft unterschiedliche Positionen einnehmen. Sie kann zum Beispiel als Gruppenleiter im Betrieb einen anderen Rang haben als zu Hause in ihrer Familie. Die Stellung, die jemand im Ranggefüge einer Gruppe einnimmt, bezeichnet man als *Status.*

Merke:
- Es gibt keine Rolle ohne Status
- und keinen Status ohne Rolle.

Eine Führungskraft, die sich in der Rolle eines Vorstandsmitgliedes befindet, kann durch den Titel eines Direktors einen Status erhalten, der mit Statussymbolen verbunden ist (teures Auto, komfortabler Schreibtisch usw.). Andererseits gibt es auch den nicht vorgegebenen Status, der aus der Wertschätzung durch die Mitarbeiter entsteht. Im ersten Fall handelt es sich um den *formellen Status,* der sich aus den organisationsspezifischen Bedingungen ergibt. Das zweite Beispiel zeigt den *informellen Status,* der sich spontan und ungeplant herausbildet. Grundsätzlich wird erwartet, daß eine Rolle in etwa dem Status entspricht. Wer das gewünschte Rollenverhalten nicht erfüllt, wird seinen Status schnell verlieren.

Beispiel:
Ein Sprecher einer Auszubildendengruppe wird nicht mehr gewählt, weil er Geld aus der Gruppenkasse genommen und es zu einem nicht abgesprochenen Zweck verwendet hat.

In jeder Gruppe gibt es bestimmte Rollen, die von den einzelnen Mitgliedern der Gruppe wahrgenommen werden. Sie unterscheiden sich u. a. in demjenigen *Beitragsanteil, den sie zum Erfolg der Gruppe beisteuern.* Man kann zwischen gruppenzielorientierten, gruppenerhaltungsorientierten und Individual-Rollen differenzieren. Die Träger dieser Rollen sollen dazu beitragen, das Fortbestehen der Gruppe zu sichern.

Die *Kenntnis der drei genannten Rollen*[12] *(Rollenmodell)* ist für jeden Führenden wichtig, denn sie erleichtert die richtige Deutung der Zusammenhänge und Verhaltensweisen von Gruppenmitgliedern.

---

12 Vgl. zum Zusammenhang von Gruppenleistung und Gruppenzusammenhalt: *Lersch, Ph.:* Der Mensch als soziales Wesen, S. 199. Vgl. außerdem: *Antons, K.:* Praxis der Gruppendynamik, S. 211; *Macharzina, K.:* Neuere Entwicklungen in der Führungsforschung, S. 101 und S. 108, hinsichtlich des Führungserfolges.

Rollen in einer Gruppe

Gruppenzielorientierte Rollen	Gruppenerhaltungsorientierte Rollen	Individual-Rollen
Ziel: Erreichen des Gruppenzieles	Ziel: Erhaltung der Gruppe	Ziel: Befriedigung von individuellen Bedürfnissen
Im Interesse der Gruppe	Im Interesse von Gruppe und Gruppenmitglied	Im Interesse des Gruppenmitglieds
Gruppenzielerfolg sichert das Fortbestehen der Gruppe	*Gruppenerhaltungserfolg* sichert das Fortbestehen der Gruppe	*Individualerfolg* sichert das Fortbestehen der Gruppe

Merke:
Ob eine Gruppe gut oder schlecht beurteilt wird, hängt davon ab, ob und wie die obigen drei Rollen in der Gruppe übernommen wurden.

Um Klarheit über die Rollenwahrnehmung zu erhalten, sollte der Vorgesetzte schon frühzeitig eine *Rollenanalyse* vornehmen. Dies klingt schwierig, aber in ihrer praktischen Durchführung ist sie gar nicht so kompliziert. Die Führungskraft sollte nur das Verhalten und die Ziele der Gruppenmitglieder *aufmerksam beobachten,* und zwar sowohl unter gruppenbezogenem als auch unter personenbezogenem Aspekt (vgl. S. 24).

Werden beispielsweise *nur gruppenzielorientierte Rollen* gespielt, dann verstärkt sich die Gefahr der Frustration für die „individuelle Seite“ der Gruppenmitglieder, weil ihre persönlichen Interessen nicht berücksichtigt werden. Die Folge ist, daß diese Gruppenmitglieder keine persönliche Motivation mehr haben, sie resignieren, gehen in den Schmollwinkel, boykottieren oder verlassen so bald wie möglich die Gruppe.

Haben dagegen die Gruppenmitglieder *die gruppenorientierte Rolle nicht übernommen,* fühlen sich zwar alle Mitglieder in der Gruppe wohl, das for-

Fragen, die die Führungskraft sich *gruppenbezogen* stellen sollte:

- Ist die Gruppe *gruppenzielorientiert?*
  (z. B. Erreichung des Verkaufszieles; Erringung der Meisterschaft; Ablegung der Prüfung)
- Ist die Gruppe *gruppenerhaltungsorientiert?*
  (d. h. bedeutet die Erhaltung der Gruppe und die Zielerreichung dem einzelnen etwas? Z. B. eine Akkordgruppe, die es dem Gruppenmitglied ermöglicht, gut zu verdienen und sich trotzdem wohl zu fühlen).
- Ist die Gruppe *individuell* orientiert?
  (Hat das einzelne Mitglied der Gruppe einen Vorteil aus der Gruppenzugehörigkeit? D. h. kann es in der Gruppe sein individuelles Ziel erreichen? Der Auszubildende, der nur an die guten Noten in seiner Prüfung denkt.)

Fragen, die die Führungskraft sich *personenbezogen* stellen sollte:

- Wer übernimmt in der Gruppe die *gruppenorientierte Rolle?*
- Wer übernimmt in der Gruppe die *Gruppenerhaltungsrolle?*
- Wer übernimmt in der Gruppe die *Individualrolle?*

melle Ziel der Gruppe wird aber nicht erreicht, d. h. die Arbeitsleistung der Gruppe ist gering[13].

Aus den bisherigen Ergebnissen läßt sich ein erfolgsbezogenes *Führungsmodell* (vgl. S. 25) darstellen:

1.4 Modell zur Führung von Gruppen

Die Anwendungsmöglichkeiten des erfolgsbezogenen *Führungsmodells* sollen anhand von Beispielen (vgl. S. 26) erklärt werden.

Diese beiden Beispiele basieren darauf, daß die Gruppen nach betrieblichen Zielen geplant und bestimmt wurden. Über diese formellen Gruppen hinaus bilden sich aber auch *informelle* Gruppen. Die Regeln der informellen Gruppenbildung sollen im folgenden Abschnitt dargestellt werden.

13 Die gruppenzielorientierten Rollen werden von informellen Führern (vgl. S. 50) und leistungsstarken Mitarbeitern (S. 52) gespielt. Der Gruppenstar bringt auch Beiträge zur Gruppenerhaltung; außerdem tragen Ausgleichende und Gesellige zur Erhaltung der Gruppe bei. Individualrollen müssen nicht immer positiv gespielt werden. Störungsrollen spielen z. B. Außenseiter (S. 55) bzw. Ehrgeizlinge (vgl. *Rahn, H. J.:* Betriebliche Führung, S. 278 f.).

Modell zur Führung von Gruppen

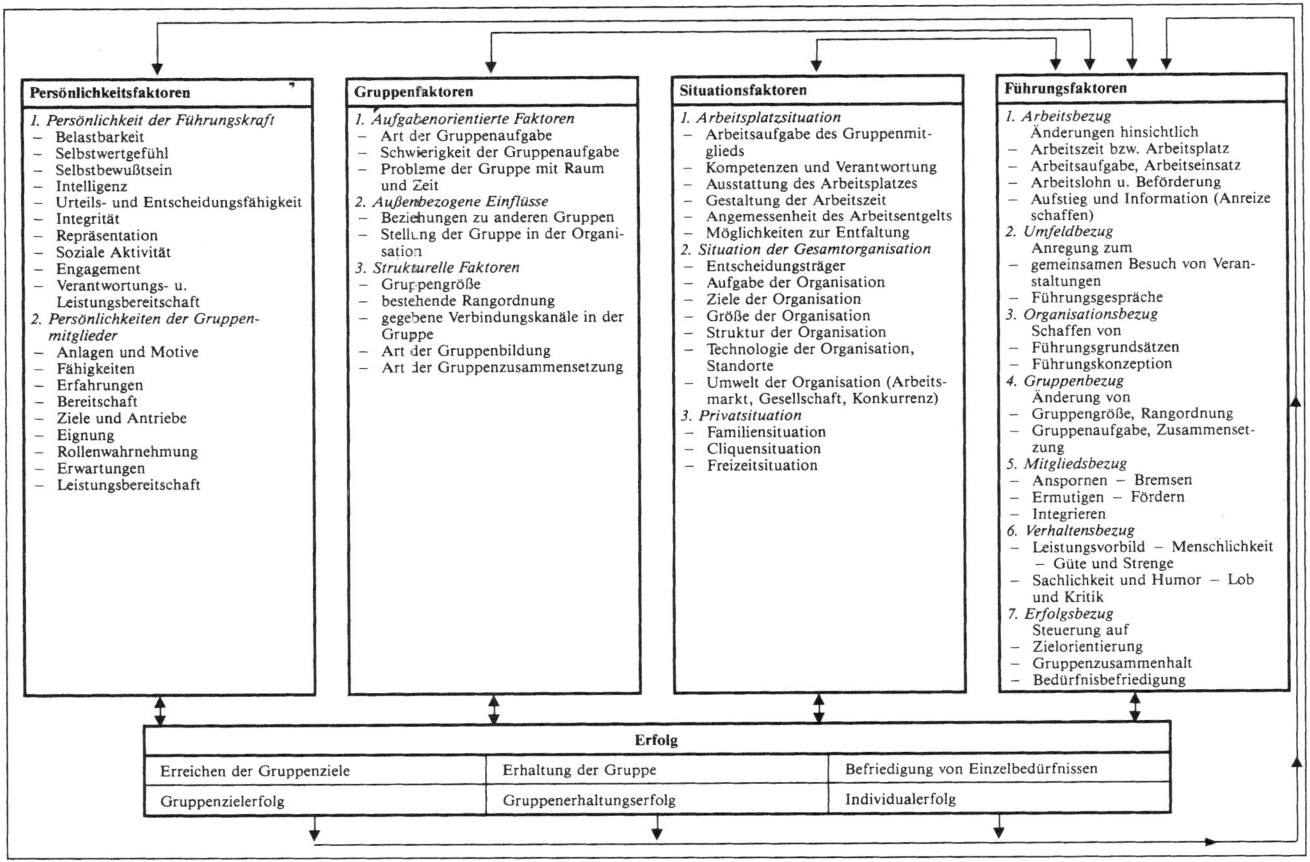

1. Beispiel:	
a) *Führungssituation*	Ein sehr leistungsstarker Akkordarbeiter A bringt durch seine Arbeit der Akkordgruppe einen guten Verdienst. Die Gruppenmitglieder A, B und C halten zusammen und fühlen sich in der Gruppe wohl. Die Leistungsnorm der Akkordgruppe wurde erreicht.
b) *Faktoren-begründung*	Persönlichkeitsorientierte Faktoren der Gruppenmitglieder sind hier entscheidend: die Leistungsbereitschaft von A und Bemühungen von A, B und C um die Zusammengehörigkeit.
c) *Erfolgswirkungen*	Sowohl Gruppenerfolg als auch Individualerfolg sichern das Fortbestehen der Gruppe. 1. Das Gruppenziel wurde erreicht, denn die Leistungsnorm wurde erfüllt. 2. Die Gruppe wurde ebenfalls erhalten, denn sie halten zusammen und fühlen sich in der Gruppe wohl. 3. Die Einzelbedürfnisse wurden befriedigt; insbesondere ist der Einzelbeitrag des Akkordarbeiters A hervorzuheben.
d) *Führungs-maßnahmen*	Der Vorgesetzte der Gruppe wird Lob und Anerkennung an A bzw. an die Gruppe aussprechen.

2. Beispiel	
a) *Führungssituation*	Ein Wissenschaftler wollte mit einem seiner Assistenten ein gemeinsames Buch veröffentlichen. Da die Einzelinteressen stärker und beide sich nicht mehr einig sind, kann das Buch nicht veröffentlicht werden. Der Arbeitsvertrag des Assistenten läuft aus; er geht in die Praxis...
b) *Faktoren-begründung*	Persönlichkeitsmerkmale: Verschiedenheit und Einzelinteressen der Gruppenmitglieder.
c) *Erfolgswirkungen*	Gruppenerfolg *und* Individualerfolg wurden *nicht* erzielt. Kein Fortbestehen der Gruppe. – Das Gruppenziel wurde nicht erreicht – Der Gruppenzusammenhalt ist nicht mehr gegeben – Einzelbedürfnisse wurden nicht befriedigt
d) *Führungs-maßnahmen*	Dafür ist es jetzt zu spät.

1.5 Regeln zur informellen Gruppenbildung[14]

(1) Die einzelnen Mitglieder einer Gruppe stehen in einer Wechselwirkung zueinander. Hier beeinflußt das Handeln des einen Gruppenmitgliedes das Handeln eines anderen und umgekehrt.

Solche *Interaktionen* ergeben sich beispielsweise dann, wenn Kollegen einer Betriebsabteilung miteinander sprechen oder *nicht* kommunizieren.

> **Merke:**
> - Erhöht sich die Häufigkeit der Wechselwirkungen
> - zwischen zwei oder mehr Personen,
> - so wird auch das Ausmaß ihrer Neigung füreinander zunehmen und umgekehrt.

Daraus läßt sich schließen, daß die *Häufigkeit der Interaktion und freundschaftliche Gefühle* in Wechselwirkung stehen und damit die *Gruppenbildung begünstigt* wird. Da sich die Wiederholung von Interaktionen nicht selten in Räumen abspielt, gewinnt das räumliche Zusammensein an Bedeutung für die gemeinschaftlichen Gefühle.

Beispiel:
Drei Auszubildende treffen sich zum ersten Mal in der Kantine des Unternehmens. Am nächsten und übernächsten Tag treffen sie sich wieder am gleichen Tisch. Diese Auszubildenden entwickeln freundschaftliche Gefühle füreinander und bemühen sich immer mehr darum, einander zu treffen. Sie sind eine Gruppe geworden.

Es läßt sich nachweisen, daß Menschen, die sich ursprünglich unsympathisch waren, aufgrund der räumlichen Nähe Freundschaft geschlossen haben; zum Beispiel dann, wenn sie durch Versetzung näher zueinander gekommen sind. Freundschaftliche Gefühle füreinander werden also oft durch die räumliche Nähe beeinflußt.

Wird ein Zusammengehörigkeitsgefühl erzeugt, so dient es der *Erhaltung der Gruppe.* Wenn eine Gruppe zusammenhält, dann wird auch die *Erfüllung der Gruppenziele* begünstigt.

Beispiel:
In einer Verwaltungsabteilung gibt es je nach Wochentag unterschiedliche Arbeitsbelastungen. Die Mitarbeiter empfinden Sympathie füreinander. Wenn ein Gruppenmitglied mit der Arbeit fertig ist, hilft es den anderen. Die täglichen Gruppenziele werden somit erreicht.

---

14 Vgl. *Homans, G. C.:* Theorie der sozialen Gruppe, Kap. 5.

(2) Als zweite Regel der Gruppenbildung greift *Homans* die Tatsache auf, daß durch längeres Zusammensein der Gruppenmitglieder *gemeinsame Normen* entstehen:

> **Merke:**
> - Je häufiger Personen miteinander in Kontakt stehen,
> - desto mehr tendieren ihre Aktivitäten und Gefühle dazu,
> - sich in mancher Hinsicht anzugleichen.

Daraus läßt sich folgender Zusammenhang ableiten: *Je häufiger die Interaktionen zwischen Gruppenmitgliedern sind, desto mehr ergibt sich eine Angleichung der Normen.* Also passen sich mit zunehmender Wechselwirkung die Einstellungen, Sympathien, Aktivitäten und Gefühle immer mehr an.

Beispiel:
Jedes Wochenende fahren Gruppen von Fußballfans zu den Spielen ihrer Mannschaft. Die Häufigkeit der Interaktionen führt zu immer stärkerer Angleichung der Gruppennormen. Dieses Verhalten äußert sich zunächst im Kauf des Fan-Hutes bzw. eines entsprechenden Fan-Schals in den Clubfarben. Später rufen dann sogar Teilnehmer im Sprechchor zum Spielfeld hin, die so etwas allein wohl niemals tun würden. Sie lassen sich von der Gruppe mitreißen und passen sich der Gruppennorm an.

Wenn sich die *Gruppennormen* herausgebildet haben, dann wird von den Gruppenmitgliedern streng darauf geachtet, daß sie auch eingehalten werden. Wenn ein Mitglied dagegen verstößt, kann über *Gruppenzwang* bzw. *Gruppendruck* durchaus ein „Strafkatalog" Anwendung finden. Bei Jugendgruppen führt dieses Verhalten manchmal sogar zu Bedrohungen und Mißhandlungen, wenn sich ein Gruppenmitglied an bestimmten Vorhaben nicht beteiligen will.

Ähnliche Sanktionen können auch innerhalb von Arbeitsgruppen im Betrieb angedroht werden, die als Entgelt den sog. Gruppenakkordlohn erhalten. Nehmen wir an, daß ein sehr schneller Arbeiter durch seine Leistung die allgemeine Arbeitsnorm verbessert. Dann ist es möglich, daß dieses Verhalten von den anderen Gruppenmitgliedern nicht hingenommen wird. Wer zuviel arbeitet, ist dann ein „Sollbrecher", und wer zu wenig arbeitet, ist ein „Gauner", weil er nur ungenügende Beiträge zu den Gruppenzielen leistet. Je verschworener die Gemeinschaft ist, desto konsequenter werden die Normen der Gruppe durchgesetzt.

(3) Als dritte Regel zur Gruppenbildung spricht *Homans* die Distanzierung von Binnengruppen zu Außengruppen an:

Merke:
- Je größer die Solidarität der Gruppen nach innen ist,
- um so stärker ist die Feindseligkeit nach außen.

Damit wird folgendes Gesetz aufgestellt: *Je größer die Binnengruppen-Solidarität ist, desto größer ist die Abneigung und Distanzierung gegenüber Außengruppen.*

Beispiel:
Auf Fußballplätzen kommt es zu Krawallen zwischen Fans verschiedener Mannschaften. Manche Fangruppen haben eine so starke Binnengruppen-Solidarität, daß sie sich zu Gewalttätigkeiten gegenüber den anderen Fangruppen hinreißen lassen.

Gemeinschaften mit stark ausgeprägter Binnengruppen-Solidarität verstärken ihr *Gemeinschaftsgefühl.* Das Zusammenhalten gegenüber Außengruppen verstärkt die Erhaltung der Binnengruppe. Die Solidarität begünstigt das *Erreichen der Gruppenziele.*

Von der Gültigkeit dieser drei Regeln gilt es jedoch Ausnahmen:

Ausnahme zur 1. Regel:
Ein Achtjähriger ist täglich mit seiner sechzehnjährigen Schwester in einem Zimmer zusammen und hat ständig mit ihr Streit. Aus den häufigen „Interaktionen“ ergeben sich keine freundschaftlichen Gefühle.

Ausnahme zur 2. Regel:
Der Direktor einer Fabrik läßt sich seit zwanzig Jahren jeden Tag von seinem Chauffeur in den Betrieb fahren und dort abends wieder abholen. Ihre Gefühle und Aktivitäten tendieren aber nicht zur Angleichung. Dies äußert sich insbesondere dann, wenn der Chef seine Geschäftspartner eingeladen hat.

Ausnahme zur 3. Regel:
In früheren Jahren gab es viel stärker ausgeprägte Stereotype, d. h. Vorurteile gegenüber Angehörigen anderer Nationen. Heute kann man oft beobachten, daß trotz vorhandener Binnengruppensolidarität ein geringeres Maß an Feindseligkeit besteht. Diese Entwicklung ist erfreulich.

1.6 Sozialpsychologische Studien über Gruppen

Zum besseren Verständnis des Verhaltens von Gruppenmitgliedern haben folgende Forschungsarbeiten beigetragen:

1. Hawthorne-Studie
2. Norton-Street-Gang-Untersuchung
3. Ferienlager-Studien
4. Konformitäts-Studien
5. Schulversager-Untersuchung

• **Zu 1:** In den Jahren von 1927 bis 1932 wurden von den Forschern *Mayo, Whitehead, Roethlisberger, Dickson* und *Homans*[15] wissenschaftliche Gruppenuntersuchungen durchgeführt. Die Wissenschaftler ermittelten ihre Ergebnisse in den Hawthorne-Werken der Western-Electric-Company in Chicago.

Folgende Untersuchungen der *Hawthorne-Studie* sind besonders hervorzuheben:

a) Das Lichtexperiment
b) Das Pausenexperiment
c) Die „Bank-Wiring-Observation-Room“-Experimente

Zu a) Vor diesen Untersuchungen ging die Theorie der wissenschaftlichen Betriebsführung davon aus, daß sich durch eine bessere *Beleuchtung* eine höhere Produktivität ergeben müsse. Die Forscher wiesen mit dem Lichtexperiment jedoch nach, daß keine Beziehung zwischen diesen Variablen bestehen muß.

- Es wurden eine Testgruppe und eine Kontrollgruppe gebildet.
- Unabhängig von der in beiden Gruppen unterschiedlichen Beleuchtungsstärke hatte beide Gruppen etwa die gleiche Leistungssteigerung.
- Die Verschlechterung der Arbeitsbedingungen führte nicht zum Nachlassen der Produktion.
- Jedesmal, wenn Änderungen in den Beleuchtungsbedingungen vorgenommen wurden, sprach man mit den Betroffenen darüber und bat um deren Ratschläge. Im übrigen wurde nicht scharf und streng überwacht.
- Diese *neue soziale Einstellung* scheint das Verhalten der Testpersonen ganz wesentlich beeinflußt zu haben.

Zu b) Nach dem Beleuchtungsexperiment prüften die Forscher in einem Testraum den *Einfluß von Pausen* auf die Produktion von fünf Arbeitern.

---

15 Vgl. *Homans, G. C.:* Theorie der sozialen Gruppe, Kap. 3, sowie *Staehle, W. H.*: Management, S. 32 f.

- Offensichtlich war auch hier nicht die Zunahme der Pausen entscheidend für das stetige Steigen der Leistung,
- sondern die Gründe lagen in der veränderten *sozialen Situation.* Die Beachtung und Aufmerksamkeit, die man den Arbeitern schenkte, förderte die Arbeitszufriedenheit und führte zur Leistungssteigerung.

> **Merke:**
> Das Hauptergebnis dieser Studie war die Erkenntnis, daß die *menschlichen Beziehungen* im Betrieb für das Arbeitsverhalten von erheblicher Bedeutung sind. Außerdem wurde die Rolle des informellen Gruppenführers erkannt.

Zu c) Dieser Untersuchung schenkte vor allem die „Bank-Wiring-Observation-Room"-Gruppe[16] große Aufmerksamkeit. Die 14 Gruppenmitglieder hatten Schalter für Telefonanlagen zu montieren. Man achtete insbesondere auf diejenigen Arbeitskräfte, die Kontaktbänke (banks of terminals) in dem Beobachtungsraum (observation room) zu verdrahten (wiring) hatten.

- Die Geschäftsleitung nahm zunächst an, daß die Arbeiter so hart wie möglich arbeiten würden, um einen hohen Stundenlohn zu erreichen.
- In Wirklichkeit produzierten die Arbeiter aber weit weniger als das, wozu die physisch in der Lage gewesen wären.
- Sie folgten nämlich einer *sozialen Norm,* die die Produktionsmenge gruppenintern festlegte. Wer mehr als die Norm herstellte, war ein „Sollbrecher". Wer zu wenig arbeitete, war ein „Gauner", weil er nur ungenügende Beiträge für die Gruppe erbrachte.
- Man übte Druck auf jedes Gruppenmitglied aus, damit niemand etwas von den vorhandenen Leistungsreserven merken sollte.

Die Hawthorne-Untersuchung leitete die Human-Relations-Bewegung ein, die sich verstärkt mit den informellen Beziehungen im Betrieb auseinandersetzte.

• **Zu 2:** Die Forschungsergebnisse von *White* über die sog. *Norton-Straßen-Bande* wurde von 1937 bis 1940 als Felduntersuchung von Kleingruppen durchgeführt. Dieser Wissenschaftler studierte den italienischen Teil der Elendsviertel von Boston in einer Weise, die ihn völlig zu einem Teil dieses Bezirks und der Untersuchungsgruppe werden ließ. Die *Norton-Street-Gang-Untersuchung*[17] beschäftigte sich mit einer Gruppe von jugendlichen Arbeitslosen. Die Gang wurde so bezeichnet, weil sich ihre 13 jungen Mitglieder an einer Ecke der Norton-Straße von Eastern City herumtrieben.

---

16 Vgl. *Homans, G. C.:* Theorie der sozialen Gruppe, 3. Kap., Abschnitt: Normen der Gruppe.
17 Vgl. *White, W. F.:* Street Corner Society, Chicago (1943), zit. n. *G. C. Homans.*

Merke:
Diese Studie eröffnete Einblicke in die soziale Organisation von Gruppen. Man erhielt Aufschlüsse über das Verhalten der informellen Gruppenstars und der sog. schwarzen Schafe.

- **Zu 3:** In den Jahren 1949, 1953 und 1954 wurden von *Sherif Ferienlager-Studien*[18] mit Schülern durchgeführt. Er organisierte diese *Ferienlager*-Aufenthalte mit etwa 24 Jungen im Alter von ungefähr zwölf Jahren, die einander vorher nicht gekannt hatten. *Sherif* legte die Versuchsreihe in einem Vierphasenschema an, wobei jedes Stadium etwas 3–4 Tage dauerte.

In der *ersten* Phase hatten sich bereits erste Sympathie- bzw. Antipathiebeziehungen gebildet. In der *zweiten* Phase kam *Sherif* zum Ergebnis, daß sich nach zunächst vorhandener Unzufriedenheit (zwei Gruppen wurden künstlich und neu zusammengesetzt) innerhalb weniger Tage ein sehr intensiver Zusammenhalt ergab. Im *dritten* Stadium der Untersuchung traten die beiden Teilgruppen in Wettkämpfen miteinander in Konkurrenz. Das Tauziehen mündete in eine Rauferei und gegenseitige Beschuldigungen. In der *vierten* Stufe versuchte man, die beiden Teilgruppen wieder zu einer Gesamtgruppe zusammenzubringen. Dies gelang durch einen sportlichen Wettkampf mit einem gemeinsamen Gegner.

Merke:
Gruppen können ein echtes „Wir“-Erlebnis entwickeln. Es besteht ein Zusammenhang zwischen der Binnengruppensolidarität und der Außenaggression einer Gruppe. Gespaltene Gruppen können durch gemeinsam erbrachte Beiträge gegenüber einer Außengruppe wiedervereinigt werden.

- **Zu 4:** In verschiedenen Untersuchungen beschäftigten sich Wissenschaftler mit *Konformitäts-Studien*[19].

Im Jahre 1952 fand *Asch* mit einem sog. Linienvergleich neue Hinweise auf das *Konformitätsverhalten* von Gruppenmitgliedern.

– *Asch* bot seinen Versuchspersonen jeweils Aufgaben an, die aus einer Standardlinie und drei Vergleichslinien bestanden.

---

18 Vgl. die Literaturhinweise zum Werk *Sherifs* bei *Hofstätter, P. R.*

19 Vgl. *Asch, S.:* Social Psychology Kap. 16; *Schneider, H. D.:* Kleingruppenforschung, Kap. 3.3, sowie die Angaben im Literaturverzeichnis von *Schneider* zu den Werken von *Asch* und *Schachter.*

- Die Testpersonen mußten die Vergleichslinie aussuchen, die in ihrer Länge mit der Standardlinie übereinstimmte.
- Außer der Versuchsperson befanden sich Mitarbeiter des Versuchsleiters im Raum, die ihre falschen Lösungen bewußt und laut im Beisein der Versuchsperson bekanntgaben. Bei den meisten Aufgaben wurde also bewußt eine falsche Linie genannt. Man wollte damit herausfinden, ob sich die Versuchspersonen in ihrem Urteil beeinflussen lassen.
- Ergebnis: *etwa ein Drittel* der Versuchspersonen gab wenigstens einmal dem Einfluß der Gruppe nach und übernahm das Gruppenurteil, obwohl die eigene Wahrnehmung davon abwich.
- Fazit: Es gibt ernstzunehmende Einflüsse der Gruppenmajorität.

Die Experimente von *Schachter* setzten sich u. a. intensiv mit dem Einfluß des Nonkonformisten auseinander.

- Die Gruppe beschäftigte sich zunächst stark mit dem Nonkonformisten: sie bemühte sich darum, ihn von der Richtigkeit des gemeinsamen Standpunktes zu überzeugen.
- Nach dieser Phase intensiver Zuwendung zog sich aber die Gruppe vom Nonkonformisten zurück, wenn dieser nicht bereit war, seine abweichende Meinung zu ändern.

• **Zu 5:** Im März 1967 wurde von *E. Höhn* eine sozialpsychologische Forschungsarbeit über das Bild des *Schulversagers* vorgelegt. Von den zahlreichen Ergebnissen dieser *Schulversager-Untersuchung*[20] sind vor allem die Ausführungen zum Verhalten des Außenseiters der Gruppe hervorzuheben. Der Außenseiter will seine schlechte Position nicht wahrhaben und gerät aufgrund seiner schlechten Wahrnehmungsfähigkeit in einen Teufelskreis. Die Leistungen werden schlechter. Die Gruppe und auch manche Lehrer lassen es den Außenseiter spüren, daß von diesem nicht mehr viel erwartet wird.

Nach *Höhn* gehört es zu den wichtigsten Ergebnissen der Sozialpsychologie, gezeigt zu haben, wie stark unser Verhalten und unsere Leistungen von den Gruppenerwartungen bestimmt werden.

> **Merke:**
> Jedes Mißtrauen, das einem anderen entgegengebracht wird, verändert ihn. Jedes Vertrauen verwandelt ihn im positiven Sinne.

Es liegt also in der Hand der Führungskraft, die Einstellung der Gruppe zu einem Außenseiter zu beeinflussen. Der Führende kann eine andere Einstellung bewirken: nämlich eine Haltung, die ein Appell an unser Verständnis und unsere Hilfsbereitschaft ist.

---

20 Vgl. *Höhn, E.:* Der schlechte Schüler. Sozialpsychologische Untersuchungen über das Bild des Schulversagers.

Wiederholungsaufgaben

Aufgabe A: Bitte beantworten Sie folgende Fragen!

A1) Von welchen Einflußfaktoren hängt die Führung von Gruppen ab?
A2) Zählen Sie in modellhafter Weise Bestimmungsfaktoren des Gruppen- bzw. Individualerfolges auf!
A3) Erläutern Sie die Arten der Führungsgespräche!
A4) Erklären sie anhand von Beispielen die Zusammenhänge zwischen informellen Einflüssen und Gruppenleistung!
A5) Welcher Zusammenhang besteht zwischen Rolle und Status?
A6) Erläutern Sie die möglichen Rollen in einer Gruppe bzw. deren Ziele und Interessen? Schildern Sie Wirkungen auf den Gruppen- bzw. Individualerfolg!
A7) Welche gruppenbezogenen und welche personenbezogenen Fragen sollte sich eine Führungskraft stellen?
A8) Wie lauten die drei Regeln von *Homans* zur Gruppenbildung?
A9) Erklären Sie grundlegende Erkenntnisse der Hawthorne-Studie, der Norton-Street-Gang-Untersuchung, der Ferienlager-Studien und der Schulversager-Untersuchung!

Aufgabe B

Führungssituation:
Im werksinternen Unterricht entwendet ein Auszubildender den Füllfederhalter seines Ausbilders. Dieser bemerkt den Vorfall erst, als die Auszubildenden bereits auf dem Heimweg sind.

B1) Was sollte der Ausbilder am nächsten Tag tun?
B2) Bitte begründen Sie Ihre Auffassung!

Reaktionsmöglichkeiten:

(a) Dem Auszubildenden den Füllfederhalter überlassen und damit ein gutes Werk tun? __________
(b) Den Vorfall sofort der Personalabteilung melden? Die Eltern sofort verständigen? __________
(c) Mit der Gruppe über den Vorfall sprechen und darauf hinweisen, daß im Falle der Nichtherausgabe der Federhalter aus der Gruppenkasse zu zahlen ist? __________
(d) Mit der ganzen Gruppe schimpfen, damit die Auszubildenden merken, daß so etwas nie wieder vorkommen darf? __________
(e) Den Betriebsrat einschalten und den Vorgang diskutieren? __________

Fortsetzung Aufgabe B

(f) Wenn der Füllfederhalter nicht herausgegeben wird, der Gruppe androhen, daß der geplante Ausflug nicht stattfindet? ____________________

(g) Mit dem Sprecher der Auszubildendengruppe ein Sachgespräch führen, ihm den Sachverhalt erklären und ihn um seine Unterstützung ersuchen, damit der Auszubildende den Federhalter herausgibt? ____________________

(h) Keinesfalls mit der Gruppe diskutieren, weil die Mehrheit der Auszubildenden sowieso nicht an einer Lösung interessiert ist? ____________________

(i) Über den Vorgang ganz einfach schweigen und darauf warten, daß der Federhalter freiwillig zurückgegeben wird. ____________________

(j) Weitere Möglichkeiten: ____________________

Aufgabe C

Herr Müller fordert von seinem Chef eine Gehaltserhöhung, weil er viel mehr arbeiten müsse als früher. Seine Kolleginnen K und L jedoch wissen, daß auch sie künftig in der Buchhaltung vom Computereinsatz betroffen sein werden.

Da die Kolleginnen Herrn Müller überzeugen können, daß die EDV-Anlagen für alle Gruppenmitglieder Veränderungen bringen werden, nimmt Herr Müller die Bitte um Gehaltserhöhung zurück.

Leider ist der Gruppenzusammenhalt in dieser Situation nicht mehr wie früher. Trotzdem liefert diese Gruppe den Vierteljahresabschluß fristgemäß ab.

C1) Prägen Sie sich das *Modell aus Kap. 1.4* genau ein!

C2) Klären Sie die obige *Führungssituation!*

C3) Geben Sie nach den Musterbeispielen zum Führungsmodell eine *Faktorenbegründung* ab!

C4) Welche *Erfolgswirkungen* kann man ableiten?

C5) Welche *Führungsmaßnahmen* halten Sie für angebracht?

2. Rangordnung in der Gruppe

2.1 Formelle und informelle Rangordnung

In einer formellen Gruppe kann man zwischen der *formellen* und der *informellen* Rangordnung unterscheiden. Die erstgenannte Rangordnung ist beispielsweise das Vorgesetzten-Mitarbeiter-Verhältnis. Sie ergibt sich aus den Notwendigkeiten der zielorientierten Organisation und führt zur Regelung der Rechte und Pflichten jedes Gruppenmitglieds. Demgegenüber zeigt die *informelle* Rangordnung die soziale Hierarchie, die nicht von außen vorgegeben ist, sondern sich aus Sympathie bzw. Antipathie ergibt. Es ist aus der Sozialpsychologie bekannt, daß sich im informellen Gruppensystem z. B. die ranghöheren Stars und rangniedrigeren Mitglieder herausbilden:

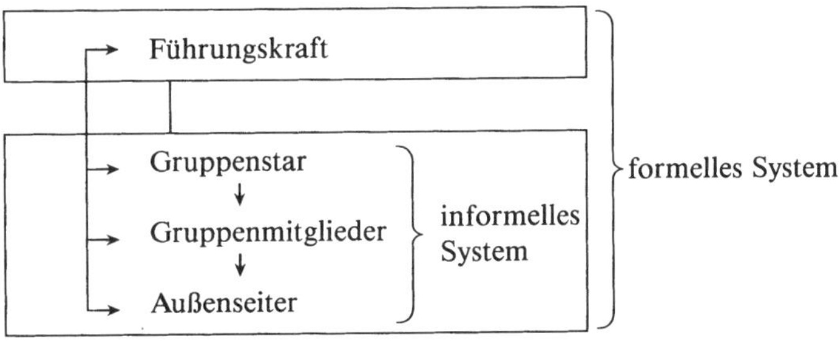

Es kann durchaus sein, daß sich Einflußfaktoren der informellen Gruppe in einer Weise verstärken, daß das *formelle System in Unordnung* kommt. Dies ist beispielsweise dann denkbar, wenn der Chef *Führungsfehler* begangen hat.

Beispiel:
Ein Gruppenleiter hat als Führungskraft acht Sachbearbeiter in seiner Gruppe, die aus je zwei Teilgruppen mit je einem informellen Gruppenstar besteht. Einer dieser Gruppenstars wird aufgrund seiner Intelligenz und seiner sozialen bzw. fachlichen Fähigkeiten von der Gruppe als eigentlicher Gruppenführer betrachtet.

2.2 Komponenten der informellen Rangordnung

(1) Aus sozialen Interaktionen von Mitgliedern einer Gruppe kann man Bestimmungsfaktoren der informellen Rangordnung ableiten. Vor allem ist das *soziale Verhalten* eines Gruppenmitglieds von hoher Bedeutung für den informellen Rang. Unterschiedliche Verhaltensweisen bestimmen also Rangdifferenzierungen. Diese Aussage leuchtet ein, wenn man sich vergegenwärtigt, daß Freundlichkeit und Hilfsbereitschaft, Solidarität und Toleranz, Aufgeschlossenheit und Kontaktfähigkeit im allgemeinen *positiv aufgenommen* werden. Andererseits erreichen mißmutige, verschlossene, kontaktarme und unfreundliche Typen im Regelfall keinen hohe Gruppenrang.

Strebt jemand nach einer hohen Gruppenposition, so sollte er nicht anmaßend oder auf Führerschaft bedacht sein. Die Gruppe reagiert darauf sehr sensibel.

Hohes Ansehen genießt auch jenes Gruppenmitglied, das für die Gruppe Leistungen erbringt. So kann man beispielsweise die Gruppenkasse führen oder Ausflüge organisieren. Auch das allzeitige Bereitsein für die Gruppeninteressen bildet eine wesentliche Voraussetzung für einen hohen Gruppenrang. Ranghohe Gruppenmitglieder kümmern sich auch am ehesten um rangniedrige Gruppenmitglieder. Wer in der Gruppe eine hohe Position hat, bezieht auch die *Gruppennormen* in das Verhalten ein:

> **Merke:**
> Je höher der Rang einer Person in einer Gruppe ist, um so mehr stimmen deren Aktivitäten mit den Normen der Gruppe überein[21].

(2) Das Wissen um die eigene Position in der Gruppe nennt man *soziometrische Wahrnehmung.* Es handelt sich um das Wissen darüber, wie andere Gruppenmitglieder zur eigenen Person eingestellt sind. Solches Wahrnehmungsverhalten ist für den Gruppenrang sehr bedeutsam. Ranghohe Gruppenmitglieder müssen in der Lage sein, die eigene Rolle und die ihrer Kollegen richtig einzuschätzen. Falsche Rollenwahrnehmung führt zu sozialen Schwierigkeiten in der Gruppe. Es ist nachgewiesen, daß zwischen Beliebtheit und gutem sozialen Wahrnehmungsverhalten bzw. zwischen Unbeliebtheit und schlechter Wahrnehmung ein Zusammenhang besteht. Wer in der Rangordnung ganz unten steht, täuscht sich über seinen Rang am meisten.

---

21 Vgl. *Homans, G. C.:* Theorie der sozialen Gruppe, Kap. 6.

Nicht selten tendieren die von der Gruppe Abgelehnten mehr zur Selbstüberschätzung als die beliebten Gruppenmitglieder[22].

Beispiel:
Aus dem Soziogramm im nächsten Abschnitt wählt das schwarze Schaf (17) sowohl den Gruppenstar (2) als auch ein beliebtes Gruppenmitglied (1), obwohl es von beiden abgelehnt wird. Das schwarze Schaf hat eine schlechte soziale Wahrnehmung.

Wer seine schlechte Position nicht wahrhaben will, gerät in einen Teufelskreis. Zudem können die Austrahlungen des sog. *Halo-Effekts* hinzukommen. In der negativen Ausprägung dieses Effekts wird jemand aufgrund von Vorurteilen weniger zugetraut, als er tatsächlich leistet (Motto: „Wer einmal aus dem Blechnapf frißt...“). Umgekehrt wird aber manchen auch mehr zugetraut, als angemessen ist (z. B. früher: „Kleider machen Leute...“). Der Halo-Effekt bezeichnet also unsere Geneigtheit, von einer augenfälligen (entweder als sehr positiv oder stark negativ bewerteten) Eigenschaft eines Menschen auf andere weniger augenfällige Eigenschaften im gleichen Sinne zu schließen.

(3) Auch die *Meinung der Gruppe* bzw. deren Erwartungshaltung gegenüber dem Gruppenmitglied beeinflussen den Gruppenrang und die Leistungsfähigkeit dieser Person. Die Mitglieder einer Gruppe haben offensichtlich eine genaue Vorstellung davon, welchen Stand ein Gruppenmitglied in der Gruppe haben soll. Die Wirkungen des Halo-Effekts auf das *Selbstwertgefühl* bzw. die *Leistungsfähigkeit* eines Menschen und dessen Gruppenrang sind nicht zu unterschätzen[23].

Der Mensch möchte, daß ihm *Wertschätzung* entgegengebracht wird. Dann wird er auch seine Gruppenbeiträge erbringen.

Beispiel:
Ein schon etwas älterer Torjäger der Fußballbundesliga schießt für seine Mannschaft keine Tore mehr, weil sein Selbstbewußtsein gestört ist. Da man ihm im Verein keine Wertschätzung zukommen läßt, obwohl er Nationalspieler ist, wechselt er zu einem anderen Bundesliga-Verein.

Dort schaut man zu dem Nationalspieler auf und erwartet, daß man sich mit dessen Leistungen vom Tabellenende absetzen kann. Da die neue Mannschaft den Torjäger schätzt, wählt sie ihn zum Kapitän. Der Torjäger findet seine frühere Form wieder...

Die Vereinsmitglieder des früheren Vereins können nicht verstehen, daß sich ein Spieler in so kurzer Zeit so verändern kann...

---

22 Vgl. *Hofstätter, P. R.:* Gruppendynamik, Kap. III, 10. Rang und Ansehen.
23 Vgl. *Crisand, E.:* Psychologie der Persönlichkeit, Kap. 3.4.

(4) Für die Stellung innerhalb einer Gruppe ist auch die *Intelligenz* des Gruppenmitgliedes von Bedeutung. Sehr rangniedrige Teilnehmer einer Gruppe sind oft weniger intelligent bzw. wenig begabt.

Wer eine sehr niedrige Intelligenz hat, wird selten ein informeller Gruppenführer. Es gibt allerdings auch Ausnahmefälle, wo Einzelfiguren intelligenzmäßig auf so einsamer Höhe stehen, daß sie von der Gruppe nicht mehr verstanden werden.

(5) Auch Persönlichkeitstyp, häusliche Atmosphäre und äußere Erscheinung können für den Gruppenrang Bedeutung erlangen. Da der Gruppenstar ein Persönlichkeitstyp ist, dessen Interessen nach außen gerichtet sind, besteht eine Tendenz zur *Extraversion*[24]. Ein ranghohes Gruppenmitglied erhält seine Antriebe zur Aktivität von der Außenwelt und ist in der Lage, sich verbal auszudrücken. Diese Fähigkeit ist vor allem dann von Bedeutung, wenn ein Gruppenstar Interessen der Gruppe vertreten soll.

Es ist bekannt, daß der *sozio-ökonomische Standard* des Elternhauses, insbesondere die häusliche Atmosphäre bzw. das Milieu, für den Gruppenrang bedeutsam sind. Eine intakte Familie bildet eine wichtige Basis für das Verhalten des Mitglieds einer Arbeitsgruppe. Es kann sich z. B. negativ auf den Gruppenrang auswirken, wenn ein Gruppenmitglied in einer Straße wohnt, die in einem als übel bekannten Stadtteil liegt. Unterschungen von Schulklassen zeigen, daß die *äußere Erscheinung* des einzelnen den Gruppenrang erheblich beeinflussen kann.

(6) Da die Gruppennormen sehr unterschiedlich sind, können Merkmale der Gruppenstars durchaus auch negative Ausprägungen haben. So können „Rädelsführer" an der Spitze stehen, die *aus schlechtem Milieu* kommen und unfreundlich bzw. aggressiv sind.

Wo Gruppen längere Zeit bestehen, kommt es zu internen Differenzierungen, die auch in der Natur angetroffen werden. Aus dem Tierreich sind z. B. sehr stabile Rangsysteme bekannt, die man auch als „Hackordnungen"[25] bezeichnet.

---

24 Vgl. *Jung, C. G.:* Psychologische Typen, S. 360 ff.

25 Vgl. *Hofstätter, P. R.:* Gruppendynamik, Kap. III, 9: Ungleichheit innerhalb der Gruppe. Der Begriff „Hackordnung" geht auch auf Tierversuche von *Schjelderup-Ebbe* (1923) zurück.

2.3 Erfassung von Gruppenstrukturen

(1) Um den informellen Gruppenrang von Mitgliedern einer Gruppe durch die Führungskraft bestimmen zu können, bieten sich drei Möglichkeiten an:

a) *Festlegung der vermuteten informellen Rangordnung* durch die Führungskraft. Die Erfassung basiert auf Beobachtungen und Erfahrungen mit der Gruppe.

b) *Befragung der Gruppenmitglieder* durch die Führungskraft. Auf Handzetteln werden Antipathie- und Sympathiewahlen aufgeschrieben, die später soziometrisch verarbeitet werden.

c) *Kombiniertes Vorgehen der Führungskraft:* Zunächst Festlegung der Ränge durch die Führungskraft (Soll) und anschließend eine *Befragung der Gruppenmitglieder* mit nachfolgender Datenauswertung (Ist). Diese Vorgehensweise erlaubt es der Führungskraft, ihre Gruppeneinschätzung zu überprüfen (Soll-Ist-Vergleich).

Im folgenden Teil dieser Arbeit soll erläutert werden, wie die Erfassung von Gruppenstrukturen im Rahmen der *Soziometrie* (Vorgehen b) erfolgen kann[26]. Das *Soziogramm* ist eine Methode zur Verarbeitung psychologischen und soziologischen Materials[27].

(2) Zur *Materialgewinnung* ist die mündliche oder wesentlich häufiger die schriftliche Befragung der Gruppenmitglieder üblich. So können beispielsweise folgende Fragen gestellt werden:

Wortlaut der ersten Frage:
1. Mit wem möchten Sie zusammenarbeiten? oder
2. Neben wem möchten Sie sitzen? oder
3. Wen würden Sie zu einer Geburtstagsfeier einladen oder
4. Wen würden Sie zu einer Party einladen?

Wortlaut der zweiten Frage:
1. Mit wem möchten sie *nicht* zusammenarbeiten? oder
2. Neben wem möchten Sie *nicht* sitzen? usw.

Indem man jedes Gruppenmitglied seine positiven und negativen Beziehungen zu anderen Gruppenmitgliedern auf einem *Handzettel* notieren läßt, provoziert man Sympathie- und Antipathiewahlen. Es hat sich bewährt, die Anzahl der positiven und negativen Nennungen freizustellen. Die Reihenfolge der Nennungen spielt zunächst keine Rolle, kann aber später für Detailuntersuchungen von Interesse sein.

---

26 Vgl. *Moreno, J. L:* Die Grundlagen der Soziometrie.

27 Vgl. *Höhn, E./Seidel. G.:* Das Soziogramm. Die Erfassung von Gruppenstrukturen.

↓ Gewählte	Soziometrische Tabelle (Urliste und primäre Verteilungstafel)[28] Wähler → VP	1	2	3	4	5	6	7	8	9	10	11	12	13	14	15	16	17	18	19	20	Zeilensumme = Summe der erhaltenen Stimmen pos.	neg.	total	Rangplatz in den pos. Stimm.	neg. Stimm.
Dietrich Anders	1		+				+		+	+	+	+		+	+	+	+	+	+	+		13	0	13	10	–
Christian Finger	2	+		+	+	+	+	+	+	+	+	+	+	+	+		+	+	+	+		17	0	17	2	–
Kirsten Gräber	3	+	+		+	+		+	+	+	+	+	+	+		+	+	+	+	+		16	0	16	3	–
Manuel Grips	4			+		+	+				+			–			+	+	–	–		6	3	9	16	6
Andrea Heller	5	+	+	+	+		+				+			+			+	–	+	+		10	1	11	12	10
Julius Henisseit	6	–	+	–	–	–		–		–	–	–		–	–	–	–	+	–			2	13	15	19	2
Stephan Hermes	7	+	+	+	+		+		+	+	+	+	+	+	+	+	+		+		+	16	0	16	4	–
Jochen Heyer	8	+	+	+			+	+	+	+	+		+	+	+	+	+	+	+	+		16	0	16	5	–
Claudia Huhn	9	+	+	+			+	+	+		+		+	+	+	+	+	+	+			14	0	14	8	–
Claudia Lambig	10		+	+	+	+		+	+	+		+	+	+	+	+	+	+	–			14	1	15	9	11
Silvia Lummer	11		–	–										+		+	+				+	4	2	6	18	8
Klaas Maut	12	+	+	+	+		+	+		+	+	+		+	+	+	+	+	+	+		16	0	16	6	–
Michel Rein	13	+	+	–			+	+	–	+	–		–		+	–	+	+		+		9	5	14	14	3
Clara Ruf	14	+	+		+		+	+	+	+	–	–		+			+	+	+	+		12	2	14	11	9
Susan Schlafki	15	+	–	+	+				+		+	+	+	+			+	–	–			9	3	12	13	7
Lisette Schunk	16	+	+	+	+	+	+	+	+	+	+		+	+	+	+		+	+	+	+	18	0	18	1	–
Jonas Stammer	17	–	–	–	–	–		–		–	–	–		–	–	–	–		–	–		0	15	15	20	1
Roger Stein	18		+	+			+	+	+	+	+	+	+	+	+	+	+	+		+		15	0	15	7	–
Alex Thon	19		+	–		+	+	–			–			+	+	–	+	+				7	4	11	15	4
Christine Turbo	20		–	–					+			+	+		–		+	–	+			5	4	9	17	5
Spaltensumme = Summe der abgegebenen Stimmen	pos.	11	14	11	9	6	13	10	12	11	12	9	10	15	11	10	17	14	11	10	3					
	neg.	2	4	6	2	2	0	3	1	2	5	3	1	3	3	4	2	3	5	2	0					
	total	13	18	17	11	8	13	13	13	13	17	12	11	18	14	14	19	17	16	12	3					

28 Entwickelt nach: *Höhn, E./Schick, C. P.*: Das Soziogramm.

	Wähler → **Soziometrische Tabelle** (Urliste und primäre Verteilungstafel)[29]																					Zeilensumme = Summe der erhaltenen Stimmen			Rangplatz in den	
↓ Gewählte	Vp	1	2	3	4	5	6	7	8	9	10	11	12	13	14	15	16	17	18	19	20	pos.	neg.	total	pos. Stimm.	neg. Stimm.
	1																									
	2																									
	3																									
	4																									
	5																									
	6																									
	7																									
	8																									
	9																									
	10																									
	11																									
	12																									
	13																									
	14																									
	15																									
	16																									
	17																									
	18																									
	19																									
	20																									
Spaltensumme = Summe der abgegebenen Stimmen	pos.																									
	neg.																									
	total																									

29 Nach: *Höhn, D./Schick, D. P.*: Das Soziogramm.

(3) Die Aufarbeitung des Untersuchungsmaterials erfolgt nach den Prinzipien statistischer Materialverarbeitung. Die Gruppenmitglieder erhalten eine Versuchs-Person-Nummer (Vp) und werden nach dem Alphabet und mit Vornamen in die sog. *Urliste* eingetragen. Nun werden die Nennungen von den entsprechend numerierten Handzetteln mit Plus- bzw. Minuszeichen in diese Urliste übernommen. Wenn man dann aus der Urliste jeweils die *Zeilen- und Spaltensummen* bildet, gewinnt man die sog. primären *Verteilungstafeln.*

Aus der waagerechten Addition (Zeilensummen) erhält man die Anzahl der positiven und negativen Stimmen, die ein Gruppenmitglied auf sich vereinigt. Während diese Summen den Grad der *Beliebtheit* bzw. *Unbeliebtheit* in der Gruppe ausdrücken, geben beide Werte zusammen den Umfang des sozialen Interesses wieder, das ein Gruppenmitglied auf sich vereinigt.

Aus der senkrechten Addition (Spaltensumme) ergeben sich die positiven und negativen Stimmen, die ein Gruppenmitglied abgegeben hat. Aus der Höhe der Summe ergibt sich *das Ausmaß des sozialen Kontaktes* (vgl. S. 41).

(4) Wenn man nun aufgrund der positiven und negativen Stimmen die *Rangplätze* ermittelt und sog. Rangplatz-Nummern in die Tabelle überträgt, so erhält man die Rangordnung der Gruppenmitglieder nach dem Grade der Beliebtheit. Es empfiehlt sich, ein übersichtliches *Säulendiagramm* aufzustellen, das die Rangplatz- bzw. Versuchspersonennummern enthält (vgl. Abbildung auf S. 44).

(5) Bei der Aufstellung eines *Soziogramms* wird jedes Gruppenmitglied durch einen Kreis dargestellt; diese Kreise werden zur Unterscheidung numeriert oder auch mit Namen versehen. So kommen Netz-Soziogramme zustande.

Man sollte zunächst so vorgehen, daß anhand der Tabelle die am häufigsten gewählten Gruppenmitglieder (*Gruppenstars*) in der Mitte des Blattes aufgezeichnet werden. Um sie herum werden nun die weiteren *Gruppenmitglieder* angeordnet, wobei jede positive Wahl durch einen Verbindungsstrich dargestellt wird, der bei dem gewählten Gruppenmitglied mit einem Pfeil endet. Gelegentlich kommen gegenseitige Wahlen vor, also echte Freundschaften, die sich graphisch durch einen Doppelstrich mit Pfeil an jedem Ende ausdrücken. Eine solche Doppelwahl ist z. B. aus dem Auszug eines Soziogramms (Abbildung auf S. 46) zwischen Gruppenstar Christian (Vp-Nr. 2) und Dietrich (Vp-Nr. 1) ersichtlich.

Die Ablehnungen werden auf dieselbe Weise eingezeichnet, nur daß man für die Verbindungspfeile eine durchbrochene Linie wählt, so daß sie sich von den Sympathiewahlen deutlich unterscheiden. Auch hier werden gegenseitige Ablehnungen (Feindschaften) durch dickere, unterbrochene Linien her-

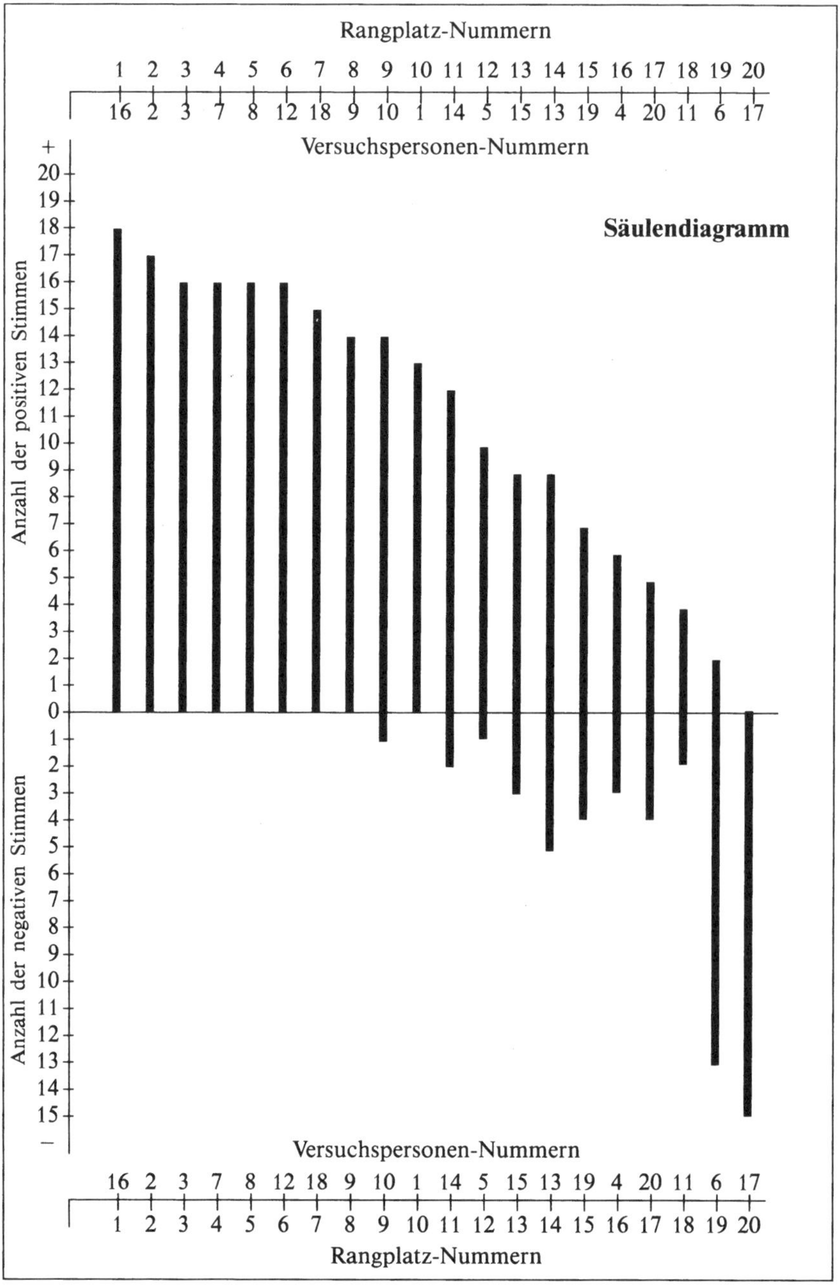
Rangplatz-Nummern
1 2 3 4 5 6 7 8 9 10 11 12 13 14 15 16 17 18 19 20
16 2 3 7 8 12 18 9 10 1 14 5 15 13 19 4 20 11 6 17
Versuchspersonen-Nummern
Säulendiagramm
Anzahl der positiven Stimmen
Anzahl der negativen Stimmen
+
20 19 18 17 16 15 14 13 12 11 10 9 8 7 6 5 4 3 2 1 0
1 2 3 4 5 6 7 8 9 10 11 12 13 14 15
–
Versuchspersonen-Nummern
16 2 3 7 8 12 18 9 10 1 14 5 15 13 19 4 20 11 6 17
1 2 3 4 5 6 7 8 9 10 11 12 13 14 15 16 17 18 19 20
Rangplatz-Nummern

ausgehoben. Als Beispiel kann die Verbindungslinie zwischen Jonas (Vp-Nr. 17) und Susan (Vp-Nr. 15) genannt werden.

Aus den typischen „Igel“ -Darstellungen (vgl. Vp-Nr. 17) erkennt man deutlich die *schwarzen Schafe* einer Gruppe, die von fast allen Gruppenmitgliedern abgelehnt werden.

Höhn und *Seidel* haben viele einleuchtende Beispiele gegeben, wie man ein Soziogramm „liest“[30].

Der beispielhafte Auszug aus einem Soziogramm (vgl. Abbildung auf S. 46) zeigt u. a. die schlechte soziale Wahrnehmung des Außenseiters. Das schwarze Schaf (Vp-Nr. 17) wählt sowohl den Gruppenstar (Vp-Nr. 2) als auch ein beliebtes Gruppenmitglied (Vp-Nr. 1), obwohl es von beiden abgelehnt wird. Tritt im Soziogramm eine Versuchsperson auf, die keine negativen und auch keine positiven Stimmen erhält, dann handelt es sich um die sog. Randfigur. Im Regelfall wählt eine Randfigur ebenfalls Gruppenstars, verhält sich aber gegenüber dem schwarzen Schaf ablehnend.

Ein Soziogramm ergibt sich meist nicht auf Anhieb, sondern wird erst nach einigen Teildarstellungen übersichtlich.

(6) Mit der *Auswertung des Soziogramms* wird die Untersuchung weitergeführt. Aus den gegenseitigen Beziehungen der Gruppenmitglieder, die den Handzetteln zu entnehmen sind, kann sich die Führungskraft ein Bild von den unterschiedlichen Rollen bzw. den in der Gruppe vorhandenen Teilgruppen machen. Ihren eigentlichen Sinn erhalten Soziogramme erst, wenn sie in gewissen Abständen wiederholt werden, denn dann erkennt man die Strukturwandlungen in der Gruppe.

(7) Den *Abschluß der Untersuchungen* bildet die *statistische Verarbeitung* der Daten.

---

30 Vgl. *Höhn, E./Seidel, G.:* Das Soziogramm, Kap. Die Auswertung des Soziogramms.

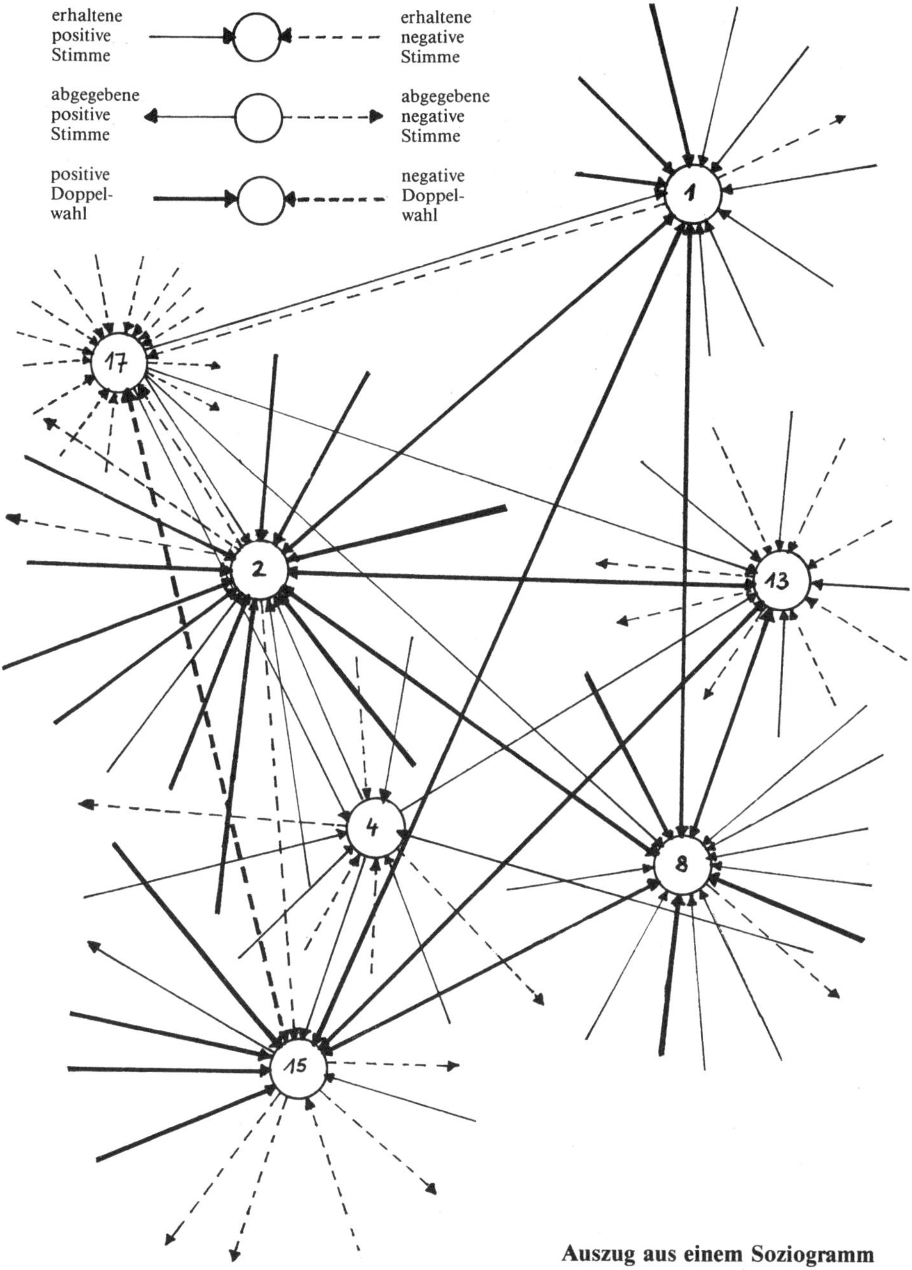

Auszug aus einem Soziogramm

Vorgehensweise:

1. Fragen und Antworten der Gruppenteilnehmer auf Handzetteln notieren lassen (z. B. Wen würden Sie zu einer Party einladen? Wen würden Sie nicht einladen?)
2. Namen nach Alphabet von den Handzetteln in die Urliste (s. oben) eintragen.
3. Positive Wahlen (+) und negative Wahlen (–) in die Urliste eintragen (Zeilen- und Spaltenergebnisse).
4. Summe der erhaltenen Stimmen ermitteln (Zeilensumme).
5. Weite des sozialen Kontaktes feststellen (Spaltensumme) (primäre Verteilungstafeln).
6. Rangplätze der Gruppenmitglieder aus Zeilensummen ermitteln (Beliebte und Unbeliebte).
7. Säulendiagramm zeichnen.
8. Soziogramm erstellen.
9. Auswertung des Soziogramms.
10. Statistische Verarbeitung.

Wiederholungsaufgaben

Aufgabe D: Zählen Sie die wichtigsten Komponenten der sozialen Rangordnung in einer Gruppe auf!

1. ______
2. ______
3. ______
4. ______
5. ______
6. ______
7. ______

Aufgabe E: Stellen Sie die wesentlichen Schritte einer soziometrischen Untersuchung dar!

1. ______
2. ______
3. ______
4. ______
5. ______
6. ______
7. ______
8. ______
9. ______
10. ______

3. Mitglieder einer Gruppe

3.1 Führungskraft und Gruppe

Die Führungskräfte nehmen als Vorgesetzte, Trainer, Dozenten, Lehrer und Ausbilder innerhalb unterschiedlicher Institutionen ihre Führungsaufgaben wahr. Die geführte Gruppe besteht aus nur wenigen Mitgliedern, die innerhalb einer gewissen Zeit häufig in gegenseitiger, direkter Wechselwirkung stehen. Der Führende, den man auch als *formellen Gruppenführer* bezeichnen kann, soll die Gruppe bzw. deren Mitglieder in der bestehenden *Führungssituation* zum *Erfolg* führen. Gruppe und Chef brauchen einander:

> **Merke:**
> Der Chef braucht seine Gruppe, und die Gruppe braucht ihren Chef.

Im ersten Kapitel dieser Arbeit wurde aufgezeigt, daß die Persönlichkeit der Führungskraft und der Gruppenmitglieder im Hinblick auf den Gruppenerfolg eine wichtige Rolle spielen. Deshalb sollte jede Führungskraft ihre *eigene Wesensart* bzw. ihr *eigenes Verhalten* kennen. Darüber hinaus wird sich der Chef mit den Persönlichkeitsmerkmalen *seiner Gruppenmitglieder* genauer befassen.

Wie kann man darüber Aufschlüsse erhalten[31]?

Folgende Fragen sollte sich jede Führungskraft stellen:

- Kenne ich meine eigenen Verhaltensweisen[32]?
- Kenne ich mein Persönlichkeitsprofil und das meiner Gruppenmitglieder?

Folgende Fragestellungen und Wege zur Erkenntnis sind denkbar:

Fragestellung	**Erkenntnisweg**
1. Wie bin ich?	Feststellung durch *testpsychologische* Untersuchungen in Stufen (Selbstanalyse, Fremdanalyse, Testanalyse)

31 Vgl. die ausführliche Darstellung von *Crisand, E.:* Psychologie der Persönlichkeit, Kap. 6.2.

32 Möglichkeiten der Selbstanalyse von Führungsqualitäten werden von *Klausnitzer* aufgezeigt (vgl. *Klausnitzer, J. E.:* So teste ich meine Führungsqualitäten).

2. Wie verhalte ich mich?	Antworten ergeben sich aus *Videoaufnahmen* (Aufzeichnungen geben Gelegenheit zur Verhaltensanalyse)
3. Wie wirke ich?	Feststellung durch *Befragung* der Gruppenmitglieder oder Aufschlüsse im Rahmen *gruppendynamischer Seminarbesuche*
4. Welche Rollen spielen die einzelnen Gruppenmitglieder in der Gruppe?	Erstellung und Analyse von *Soziogrammen,* um die Stellung des einzelnen Gruppenmitglieds in der Gruppe zu erfahren (Besuch *gruppendynamischer Seminare*)

Außerdem sollte sich der Vorgesetzte auch Fragen stellen, die seine Gruppe betreffen:

1. *Gruppenbezogene Fragen:*
- 1.1 Ist meine Gruppe gruppenzielorientiert?
- 1.2 Ist meine Gruppe gruppenerhaltungs-orientiert?
- 1.3 Ist meine Gruppe individuell orientiert?

2. *Rollenorientierte Fragen*
- 2.1 Wer übernimmt in der Gruppe die gruppenzielorientierte Rolle?
- 2.2 Wer übernimmt die Gruppenerhaltungsrolle?
- 2.3 Wer übernimmt welche Individualrolle?

3. *Merkmalsorientierte Fragen:*
- 3.1 Wer sind die Gruppenstars?
- 3.2 Wer sind die leistungsstarken Mitglieder?
- 3.3 Welche sind die Leistungsschwachen?
- 3.4 Welche Mitglieder sind ruhig?
- 3.5 Wer zählt zu den lebhaften Mitgliedern?
- 3.6 Welche Mitglieder haben welche Probleme?
- 3.7 Gibt es Neulinge in der Gruppe?
- 3.8 Wer sind die Randfiguren?
- 3.9 Welches sind die schwarzen Schafe?

Es wird eingewendet, daß mit einer solchen Untersuchung der Gruppenstruktur unnötiger Zeitaufwand verbunden ist. Wir akzeptieren diesen Einwand nicht, denn die Erfassung der Merkmale und Eigenheiten bzw. Erwartungen der einzelnen Gruppenmitglieder liefert uns Ansatzpunkte für Maßnahmen des gruppenorientierten Führungsstils. Gemessen an der Zeit des Zusammenseins mit den Gruppenmitgliedern und den Erkenntnissen für nötige Führungsmaßnahmen ist der Zeitaufwand für die Entscheidungsvorbereitung relativ gering.

Die folgenden Ausführungen sollen über bestimmte Persönlichkeitsmerkmale von Gruppenmitgliedern Aufschlüsse geben.

3.2 Beliebte bzw. aufwiegelnde Gruppenstars

Ein *positiver Gruppenstar* hat eine gute soziometrische Wahrnehmung und pflegt den *Kontakt zu allen Mitgliedern.* Er ist immer bereit, sich an deren Unterhaltungen zu beteiligen. Ihm wird während der Arbeit sogar Hilfe angeboten, obwohl er sie gar nicht benötigt.

Ohne auf Führerschaft bedacht zu sein, berät er die Mitglieder der Gruppe. Diese wenden sich vertrauensvoll an ihn, wenn Bedeutsames in der Gruppe passiert. Deshalb ist er immer darüber informiert, was in der Gruppe vor sich geht.

Gern übernimmt der Gruppenstar *gruppenzielorientierte* bzw. *gruppenerhaltende Rollen.* Bei Diskussionen innerhalb der Gruppe hat der Gruppenstar meist „recht“. Seine Entscheidungen sind für die Gruppe maßgebend. Er ist immer wieder in der Lage, *Spannungen* zwischen Gruppenmitgliedern *auszugleichen*[33]. Er hat *Selbstvertrauen,* aber kein übertriebenes Geltungsstreben und setzt sich für das Gruppenleben ein.

Beispiel:
Nach Absprache mit den interessierten Gruppenmitgliedern kauft ein Gruppenstar an seinem Wohnort wohlschmeckende und preiswerte *Äpfel für die Gruppe* ein. Am nächsten Morgen empfangen die Mitglieder den Gruppenstar am Werkstor und bedanken sich.

Modellhaft betrachtet ist der Star einer Gruppe kontaktfreudig, aufmerksam und leistungsstark. Sein Selbstwertgefühl verbindet sich mit Redegewandtheit, und er ist jederzeit bereit und fähig, die Belange der Gruppe wirksam nach außen zu vertreten. Von seinem Chef erwartet er, daß dieser seine Rolle als Star richtig erkennt.

Man kann zwischen dem beliebten Gruppenstar einerseits und dem für die Gruppe Aktiven andererseits unterscheiden.

Die sozialen Tugenden des *beliebten Stars,* der als Persönlichkeit bei den Gruppenmitgliedern unumstritten ist, werden von der Gruppe besonders

---

33 Vgl. *Richter, M.:* Personalführung im Betrieb, Kap. Gruppen im Betrieb.

geschätzt. Im allgemeinen ist er freundlich und hilfsbereit und ist intelligent. Er kommandiert andere Gruppenmitglieder nicht.

Demgegenüber ist der für die Gruppe *tätige Gruppenstar* für die Organisation von Betriebsausflügen, Feiern und betrieblichen Veranstaltungen zuständig. Er beschafft bereitwillig das Material, das zum Gelingen einer Gruppenveranstaltung nötig ist. Nicht zuletzt wegen seiner positiven Grundhaltung wird er von den anderen Mitgliedern bereitwillig akzeptiert. Kommen sowohl ein beliebter als auch ein für die Gruppe tätiger Gruppenstar in einer Gruppe vor, so spricht man vom sog. *Führungs-Dual*[34].

Diese Betrachtungsweise verkennt keineswegs, daß jede Gruppe andere Gruppennormen hat und die Merkmale der Gruppenstars deshalb auch negative Ausprägungen haben können. Die Herausbildung des informellen Gruppenführers muß nicht „problemlos" erfolgt sein, sondern kann sich aus Positionskämpfen ergeben haben. Solche Rangeleien bringen nicht selten unangenehme Typen an die Spitze einer informellen Gruppe. Aus der Praxis kennen wir viele Beispiele vom *Einfluß aufwiegelnder Gruppenstars.* Sie versuchen mit viel Engagement, die Einheit der Gesamtorganisation zu stören oder gar zu brechen. Solche „Rädelsführer" scharen die Unzufriedenen in der Organisation um sich. Sie kämpfen mit Schlagworten, die schon aufgrund ihrer einfachen Formulierung einleuchten. Diese Aufwiegler verbreiten Gerüchte, verdrehen und verschweigen Tatsachen. Nicht selten appellieren sie an bestimmte Bedürfnisse und Instinkte ihrer Zuhörer.

Beispiel:
Ein Arbeiter übt in seiner Gruppe eine zu starke soziale Kontrolle aus und zwingt die Arbeiter zu einem Verhalten, das den Zielen und Normen des Betriebes widerspricht. In den betrieblichen Pausen hetzt er die Arbeiter gegen den Meister auf und spricht sogar von „Ausbeutung". Da die Kollegen es mit dem Aufwiegler nicht verderben wollen, wagen sie es nicht, sich ihm zu widersetzen. Im Laufe der Zeit vollzieht sich das Hetzen auch während der Arbeitsstunden. Manche Arbeiter schwanken dann zwischen der Loyalität zur Gruppe und der Pflichterfüllung gegenüber dem Betrieb.

Rädelsführer sind aufgeweckte Typen, die das Instrumentarium von Rede und Gegenrede beherrschen und ein ausgeprägtes Selbstbewußtsein entwikkeln. Ihre Leistungsbereitschaft für die Organisation liegt in der Regel weit unterhalb des Niveaus der positiv eingestellten Gruppenstars.

---

34 Vgl. *Hofstätter, P. R.:* Gruppendynamik, Kap. III. 10.

3.3 Leistungsstarke und Leistungsschwache

Im allgemeinen weiß eine Führungskraft genau, welche Mitgliederleistungen oberhalb und welche unterhalb der Leistungsnorm liegen.

Die *leistungsstarken* Kräfte tragen viel zur Erreichung der Gruppenziele bei. Im Modell gelten sie als lernbereit, interessiert, selbständig, einsatzbereit, engagiert, flexibel, organisationsfähig, verläßlich, vertrauenswürdig, belastbar und fleißig. Sie übernehmen gern *gruppenzielorientierte* Rollen und schwierige Aufgaben. Ihre Fähigkeit zur Selbstkontrolle bzw. Eigenverantwortung ist bekannt. Von ihrem Chef erwarten die Leistungsstarken, daß er sieht, was sie leisten. Manchmal allerdings beteiligen sich sehr leistungsstarke Gruppenmitglieder nicht an allgemeinen Gruppengesprächen, und es fällt auf, daß sie die Leistungsschwachen gelegentlich total ablehnen.

Leistungsschwäche kann viele Ursachen haben. Die Gründe können in einer Krankheit oder vorübergehenden Problemen zu suchen sein. Es kann aber auch an Führungsfehlern des Vorgesetzten liegen, wenn ein Gruppenmitglied die Leistungsnorm nicht erfüllt. Keinesfalls sollte der Chef davon ausgehen, daß Gruppenmitglieder grundsätzlich faul und nicht verantwortungsfähig sind.

Dennoch gibt es *Drückeberger,* die aus egoistischen Gründen nicht bereit sind, ihre Leistungsreserven auszuschöpfen und die Normalleistung zu erreichen.

Sehr leistungsschwache Menschen gehen der Arbeit gern aus dem Wege. Sie meinen, sich clever hinter der Gruppenleistung „verstecken“ zu können. Bekanntlich denken Egoisten immer zuerst an sich und erst dann an die Gruppe. Sie sind nicht bereit, sich über ein gewisses Maß hinaus anzustrengen. In der Hoffnung, daß es der Chef nicht merkt, versuchen sie, sich ihre Bequemlichkeit zu erhalten. Trotz ihrer geringen Arbeitsinitiative erlauben es sich manche Drückeberger, gegenüber dem Vorgesetzten unangemessene Förderungsansprüche geltend zu machen.

3.4 Lebhafte und Ruhige

Den *lebhaften* Mitgliedern einer Gruppe ist die Bewegtheit der Außenwelt viel wichtiger als die seelisch-geistige Welt. Diese *extravertierten* Menschen versuchen alles an Eindrücken aufzunehmen, was sie aus ihrer Umwelt aufnehmen können. Solch lebhafte Typen erwarten von ihrem Chef Aufgeschlossenheit und Flexibilität. Als ausgesprochene Tatmenschen sind sie munter und durch ausgeprägten Bewegungsdrang gekennzeichnet. Ihr Selbstbewußtsein und Selbstwertgefühl gibt ihnen viel Kraft zur Bewältigung der Alltagsarbeit.

Jeder Fortschritt wird von ihnen wahrgenommen und nicht selten zum persönlichen Nutzen verwendet[35]. *Lebhafte Personen* sind immer mit irgendwelchen Aktionen beschäftigt und verstehen es, andere Menschen mitzureißen. Es gibt heitere und fröhliche Gruppenmitglieder, die für jede Gruppe eine Bereicherung darstellen. Durch ihre Unbeschwertheit gelingt es ihnen, die sachlich orientierte Arbeitswelt aufzulockern. Sie spielen gern die *Gruppenerhaltungsrolle.*

Allerdings führt die Außenorientierung der Lebhaften dazu, daß sie nicht aktiv zuhören können, sondern selbst erzählen wollen. Andere Gruppenmitglieder fühlen sich leicht überfahren und nicht verstanden. In negativen Fällen kann sich die Lebhaftigkeit in Geschwätzigkeit, Rechthaberei, frechem Auftreten, Unbeherrschtheit, Protzerei, Überheblichkeit, Streitsüchtigkeit, Anmaßung und „Schlitzohrigkeit" äußern.

Beispiel:
Eine Gruppe hat eine Fahrgemeinschaft gebildet. Ein lebhaftes Gruppenmitglied ist am frühen Morgen schon so wach und aufgedreht, daß sich die anderen Mitfahrer belästigt fühlen.

Die *Ruhigen in der Gruppe* erwarten von ihrem Chef, daß auch er nicht hektisch ist. Sachliche Behandlung durch den Vorgesetzten ist hier gefragt.

Die ruhigen Gruppenmitglieder haben ein mehr nach innen gekehrtes Wesen und sind zurückhaltend. Für sie sind Tatsachen wichtiger als der Eindruck, den diese auf sie machen. Aufgrund ihres ausgeprägten Strebens nach werthafter Vertiefung messen sie der Außenwelt nur sekundären Wert zu. Als besinnliche, aber doch aktive Menschen setzen sie sich mit der Wirklichkeit auseinander und nehmen nicht alles kritiklos hin. Unbeirrbar streben sie nach geistigen Werten, die sie in ihrem Lebensbereich zu verwirklichen suchen. Sie können zuhören und sind ausgleichend.

Andererseits gibt es auch schüchterne und sehr empfindsame Menschen, die mehr passiv als aktiv eingestellt sind. Die *Schüchternen* empfinden die Realität nicht selten als zu hart. Sie halten sich in der Öffentlichkeit und in der

35 Verschiedene dieser lebhaften Naturen entwickeln Herrschaftsansprüche. Manchem extravertierten Gruppenmitglied verwehrt die Gruppe dann aufgrund des extrem auftretenden Herrschaftsanspruches den Rang eines „Gruppenstars".

Gruppe sehr zurück, haben aber dafür ein umso reicheres und bewegtes Innenleben. Diesen Personen fehlt meistens der Mut, ihre Kenntnisse und Fähigkeiten gegenüber der Gruppe zu verdeutlichen. Weil sie Angst davor haben, sich vor der Gruppe zu blamieren, bleiben sie lieber passiv.

In negativen Fällen kann sich die Introversion in Schwermut, Empfindlichkeit, Zurückgezogenheit, Depression, Verstocktheit, Weltschmerz, Trübsinn und Verstimmung äußern.

Sowohl unter den lebhaften als auch unter den ruhigen Gruppenmitgliedern kann es *Heimtücker* oder auch *Ehrgeizlinge* geben. Heimtückische Menschen versuchen, hinter dem Rücken der anderen ihre Fallstricke zu legen. Ehrgeizlinge sind bereit, ihre Ellenbogen so einzusetzen, daß andere Gruppenmitglieder beiseite gestoßen werden. Sie sind Egoisten, die zuerst an sich und erst dann dann die Gruppe denken.

3.5 Problembeladene und Neulinge

Manche Gruppenmitglieder haben in ihrer Privatsphäre harte Schicksalsschläge hinzunehmen, mit denen sie verständlicherweise nicht so schnell fertig werden.

Beispiel:
Ein Gruppenmitglied versinkt in tiefe Trauer, weil das einzige Kind bei einem Verkehrsunfall tödlich verunglückt ist.

Das Problem (Trauer, Scheidung usw.) beschäftigt sie so stark, daß sie die Forderungen der Alltagsarbeit nicht in gewohnter Weise erfüllen können. Das bedrückende Ereignis wirkt sich negativ auf die Arbeitsleistung aus.

Manche dieser *Problembeladenen* verfallen in tiefe Resignation bzw. ausweglos erscheinende Verzweiflung. In dieser Situation erwartet ein problembeladener Mensch von seinem Chef besonders viel Verständnis, Geduld und Trost.

Als *Neuling* bezeichnen wir jemand, der noch nicht als echtes Gruppenmitglied akzeptiert ist. Die Neulinge im Betrieb erleben oftmals eine Situation, die mit vielen Belastungen verbunden ist. Der Umzug in eine andere Stadt oder in eine andere Region ist z. B. mit der Lösung sozialer Verflechtungen verbunden. Man muß die vertraute Umgebung verlassen und sich in der neuen Situation zurechtfinden. Aber gerade in dieser Zeit der persönlichen Anspannung wird vom Neuling besonders viel verlangt[36]. In der Anfangsphase ist daher das Orientierungsvermögen des Neulings besonders wichtig. In der Regel erkennt er schnell die Stars der Gruppe, aber auch die schwarzen Schafe. In den meisten Fällen erkennt er die bestehende Rangordnung in der Gruppe an und ist zunächst um die Sicherung seiner Stellung und um Anpassung an die Gegebenheiten bemüht.

Beispiel:
Der Neue wird in den ersten Wochen nur ca. 40% seiner Kraft auf die Arbeit verwenden können und den Rest zur „Absicherung" benötigen.

Oft ist die endgültige Position des Neulings in einer Gruppe erst nach einigen Jahren erkennbar. Wenn eine Gruppe ihn als Störenfried empfindet, so kann sie sich ihm gegenüber sehr ablehnend verhalten.

Beispiel:
Ein Neuling, der die bestehenden Rangordnungs-Verhältnisse nicht anerkennen wollte, wird von den Gruppenmitgliedern mit Schneebällen beworfen.

Ein Gruppenneuling, der aus seinem früheren Wirkungskreis ein ausgeprägtes Dominanzstreben mitbringt, hat es besonders in der Anfangsphase schwer. Die Gruppe nimmt ihn zunächst nicht auf. Mit der Zeit paßt er sich aber meist den Gruppennormen an.

Neulinge erwarten von der Führungskraft, daß sie ihnen den Start erleichtern hilft, damit Reibungsverluste in den ersten Wochen möglichst klein gehalten werden.

3.6 Außenseiter

Als Außenseiter einer Gruppe bezeichnet man die sogenannte „Randfigur" und die schwarzen Schafe. Auch wenn ihre Leistungen schwach sind, erwarten sie von ihrem Chef Hilfe und Verständnis. Sie sind den Gruppenziel- bzw. Gruppenerhaltungsrollen nicht gewachsen, sondern spielen Individualrollen.

---

36 Vgl. *Feige, W.:* Einführung und Einarbeitung neuer Mitarbeiter, S. 50–53; *Freimuth, J.:* Die Einführung neuer Mitarbeiter, S. 200–203; *Hanft, A.:* Integration neuer Mitarbeiter, S. 500–505; *Huber, K.:* Einführungsprogramme für neue Mitarbeiter, Sp. 763–773; *Kieser, A.* u. a.: Die Einführung neuer Mitarbeiter in das Unternehmen; *Pillat, R.:* Neue Mitarbeiter; *Stopp, U.:* Neue Mitarbeiter richtig in den Betrieb einführen, S. 31–33; *Watzka, K.:* Einführung neuer Mitarbeiter ins Unternehmen, S. 255–263.

Die Randfigur ist relativ interesselos und wird von den anderen Gruppenmitgliedern nicht beachtet,

- weder positiv
- noch negativ bemerkt und

existiert für die Gruppe überhaupt nicht.

> **Beispiel:**
> Ein Mitarbeiter erhält im Rahmen einer soziometrischen Untersuchung keine einzige Stimme, wird aber auch von keinem der Mitarbeiter abgelehnt.

Für Randfiguren ist es charakteristisch, daß sie den Kontakt zu schwarzen Schafen meiden. Während die Randfigur von der Gruppe unbeachtet bleibt, wird das schwarze Schaf von den anderen Gruppenmitgliedern abgelehnt.

> **Merke:**
> Die Ablehnung durch die Gruppe geht auf das negative Grundverhalten des „schwarzen Schafes" zurück. Diese Außenseiter versäumen es, Gruppenverpflichtungen nachzukommen[37].

Man kann zwischen *aggressiven und depressiven* schwarzen Schafen unterscheiden. Die Erstgenannten sind eigensinnig und rechthaberisch, bringen überall Spott und Tadel an, denunzieren andere Mitglieder und zeigen sich überheblich. Depressive Außenseiter ziehen sich schnell in sich selbst zurück und sind wenig zugänglich.

Da man von schwarzen Schafen wenig erwartet, ergeben sich *Vorurteile.* Beim Betroffenen entstehen aufgrund der Rangniedrigkeit Minderwertigkeitsgefühle, die er zu kompensieren versucht. Er entwickelt ein Geltungsbedürfnis, das wieder zu einem Absinken in der Rangordnung führt. Dieser Vorgang verstärkt das Geltungsbedürfnis, das sich dann in einem weiteren Absinken im Rang auswirkt. So geraten sie immer mehr in einen *Teufelskreis.*

Sowohl Randfigur als auch schwarzes Schaf sind *leistungsschwach.* Sie sind oft sehr eigenwillig und nicht bereit, sich in das Team so einzufügen, wie es erwartet wird. Es fehlt an der Bereitschaft zur Anpassung an die Gruppennormen. Außenseiter wirken oft störend und sind fortwährend mit ihrer Arbeit unzufrieden.

---

37 Vgl. *Rahn, H.-J.:* Betriebliche Führung, S. 284–286; *ders.:* Außenseiter integrieren, S. 14; *ders.:* Außenseiter in der Gruppe der Azubis, S. 20–21.

Wiederholungsaufgaben

Aufgabe F: Tragen Sie nach dem Alphabet in die Tabelle die Namen Ihrer Gruppenmitglieder (Spalte II) bzw. deren Vp-Nr. (Spalte I) ein! Schreiben Sie außerdem die von Ihnen vermuteten Rangplätze ihrer Gruppenmitglieder in die Spalte III (Soll-Rangplätze)!

Aufgabe G: Führen Sie nach den Angaben von Abschnitt 2.3 eine soziometrische Untersuchung in Ihrer Gruppe durch! Tragen Sie dann die Ist-Rangplätze in Spalte IV ein!

Aufgabe H: Vergleichen Sie Ihre Ergebnisse (Spalte III) mit den Ergebnissen des Soziogramms (Spalte IV) und ermitteln Sie die Rangplatz-Differenzen!
Sie erhalten dann das Ergebnis, ob Sie die Rangplätze Ihrer Gruppenmitglieder richtig eingeschätzt haben (Soll-Ist-Vergleich in Spalte V).

Aufgabe I: Tragen Sie die besonderen Einzelmerkmale der Gruppenmitglieder in Spalte VI ein! Stellen Sie dabei die folgenden Fragen:

1. Wer sind die Gruppenstars?
   (positiv, negativ, beliebt, unbeliebt, gruppenziel-, gruppenerhaltungsorientiert)
2. Wer sind die schwarzen Schafe?
   (aggressiv, depressiv, anpassungsschwach)
3. Welches ist die Randfigur?
   (total, gemäßigt)
4. Wer sind die leistungsstarken Kräfte?
   (beliebt, unbeliebt, gruppenziel-, gruppenerhaltungsorientiert)
5. Welches sind die Leistungsschwachen?
   (Maß der Leistungsschwäche)
6. Welches sind die Ruhigen?
   (beliebt, unbeliebt, schüchtern, zurückhaltend)
7. Wer sind die lebhaften Kräfte?
   (beliebt, unbeliebt, frech, gruppenerhaltungsorientiert)
8. Gibt es Ehrgeizlinge, Hinterhältige?
9. Wer sind die Problembeladenen bzw. Kranken?
10. Befindet sich ein Neuling in der Gruppe?

Aufgabe J: Wie führen Sie diese Gruppenmitglieder?
Tragen Sie in Spalte VII bitte Stichworte ein!

I Nr.	II Namen	III Soll- Rang	IV Ist- Rang	V Ver- gleich	VI Einzelmerkmale	VII Führungsmaßnahmen

4. Führung von Gruppen

Die Führungskraft sollte denjenigen Führungsstil wählen, der zur Führung der jeweiligen Gruppen am besten geeignet ist. Es bieten sich der anspornende, der bremsende, der ermutigende, der fördernde und der integrierende Führungsstil an.

4.1 Anspornender Führungsstil

Gruppenmitglieder mit *Leistungsreserven* könnten mehr leisten, als sie zu leisten bereit sind. Ihre Leistungen liegen unterhalb der vereinbarten Gruppennorm. Sie gehen der Arbeit aus dem Wege, verstecken sich hinter der Gruppenleistung und versuchen, sich ihre Bequemlichkeit zu erhalten. Wer seine Arbeitskraft nicht voll für die Erreichung der Gruppenziele einsetzt, kann den Bestand der Gruppe gefährden. Um das zu vermeiden, sollte man *Drückeberger* zur Mehrleistung anspornen und sie aus ihrer Reserve locken, indem man ihnen Anreize gibt[38].

> **Beispiel:**
> Der Chef gibt einem Drückeberger eine Spezialaufgabe, die die Leistungsantriebe dieses Mitarbeiters weckt. Er lernt, daß mit der Arbeit auch Erfolgserlebnisse verbunden sein können.

Die innere Bereitschaft dazu wird aber nicht geweckt, wenn er sich vom Chef angetrieben fühlt. Eine Führungskraft sollte Gruppenmitglieder *nicht gängeln.* Wenn der Führende dauernd und in unangenehmer Weise vorschreibt, wie man sich zu verhalten hat, dann verliert der Mitarbeiter das Interesse. Der anspornende Führungsstil ist nicht als Antreiber-Verhalten zu interpretieren. Mit einem Angst auslösenden Führungsstil kann der Chef dem Gruppenmitglied jegliche Arbeitsmotivation nehmen.

Er muß von innen heraus zu der Einsicht gelangen, daß er durch sein Verhalten der Gruppe schadet. In einem *persönlichen Gespräch* sollte der Chef dem Leistungsschwachen klarmachen, daß die anderen Gruppenmitglieder

38 Der Chef sollte das Anspornen nicht so weit treiben, daß daraus Rivalitäten entstehen, die dem Gruppengefüge schaden. Das möglicherweise entstehende Bemühen um die Gunst des Chefs kann ein langsames Auseinanderfallen der Gruppe mit sich bringen. Zwar ist Konkurrenz zwischen den Gruppenmitgliedern bis zu einem bestimmten Grad der Leistung dienlich. Der Wettbewerb darf aber nicht zum Zerfall der Gruppe führen.

durch sein Verhalten zur Mehrarbeit gezwungen sind[39]. Manchmal weckt ein sachlich geführtes Gespräch in einem Menschen mehr Arbeitsbereitschaft, als man zunächst angenommen hat. Der Chef sollte versuchen, die *Ursachen der Minderleistungen* herauszufinden. In jedem Falle muß der Drückeberger erkennen, daß der Chef nicht bereit ist, sein Verhalten weiter zu dulden.

Es darf *nicht zu milde reagieren,* denn zuviel Güte wird leicht ausgenutzt. Er sollte *Autorität* haben, aber auch seinen *Humor* nicht vergessen.

Er sollte anstreben, daß Drückeberger *mindestens eine Normalleistung* erbringen. Er wird deutlich zu verstehen geben, daß künftig mehr von ihm erwartet wird und in diesem Zusammenhang auch an das Selbstwertgefühl des Leistungsschwachen appellieren.

Bei erkennbarer Leistungsverbesserung sollte der Chef wohldosiertes und ermutigendes *Lob aussprechen*, damit der Mitarbeiter seine Leistung bestätigt findet.

Thesen zum anspornenden Führungsstil

1. Drückeberger einer Gruppe sind aus ihrer Leistungsreserve zu locken. Sie benötigen klar definierte Ziele und häufigere Kontrollen.
2. In einem Konfliktgespräch wird klargestellt, daß die Minderleistungen des Leistungsschwachen Mehrleistung für die anderen Gruppenmitglieder bedeuten. Im Gespräch ist der Ist-Zustand offenzulegen.
3. Der Chef sollte nicht zu milde reagieren, denn sonst ändern Drückeberger ihr Verhalten nicht.
4. Da zuviel Güte von Drückebergern ausgenutzt wird, muß der Chef Autorität zeigen.
5. Auch beim Anspornen des Leistungsschwachen sollte der Vorgesetzte den Humor nicht vergessen.
6. Er sollte kritisch zu verstehen geben, daß er künftig vom Leistungsschwachen mehr erwartet und an sein Selbstwertgefühl appellieren.
7. Bei erkennbarer Leistungsverbesserung sollte der Chef wohl dosiertes und ermutigendes Lob aussprechen.

4.2 Bremsender Führungsstil

Lebhafte Gruppenmitglieder nehmen viele Eindrücke aus ihrer Umwelt auf und sind durch ständigen Bewegungsdrang gekennzeichnet. Da sie meist

39 Dieses persönliche Gespräch ist ein Konfliktgespräch. Vgl. *Crisand, E.:* Psychologie der Gesprächsführung, Kap. 2.

heitere Naturen sind, verstehen sie es, andere Gruppenmitglieder mitzureißen und stellen eine Bereicherung für die Gruppe dar. Manche von ihnen übernehmen gern eine Gruppenerhaltungsrolle. Allerdings können sie oft schlecht zuhören, weil sie gern selbst reden. In Extremfällen sind sie *Besserwisser, Wichtigtuer, Streitsüchtige und Freche.*

Außerdem gibt es in einigen Gruppen *negativ wirkende Gruppenstars,* die als Rädelsführer, Aufwiegler und Störenfriede die Einheit der Gruppe durcheinander zu bringen versuchen. Sie scharen Unzufriedene um sich, kämpfen mit Schlagworten und verbreiten Gerüchte. Sie beherrschen Rede und Gegenrede.

Zu lebhafte Gruppenmitglieder sind *rechtzeitig zu bremsen,* damit ihre Aktivitäten in die richtige Richtung (Leistungsziele) gelenkt werden. Den Rädelsführern, Aufwieglern, Streitsüchtigen, Störenfrieden und Frechen sollte der Chef bereits in der Anfangsphase kräftig entgegenwirken. Wenn die Autorität des Vorgesetzten nicht Schaden nehmen soll, muß er ihnen rechtzeitig die *Grenzen ihrer Betätigung aufzeigen.*

Beispiel:
Eine größere Gruppe von Verkäufern versucht, freitags ab 15 Uhr die Umsatzerfolge der Woche mit Sekt zu feiern... Telefongespräche werden dann nicht mehr angenommen oder oberflächlich behandelt...

Der Führende sollte diesen Gruppenmitgliedern mit *sachlichen Argumenten* entgegentreten und sich *nicht provozieren* lassen. Er muß strikt darauf achten, daß seine Entscheidungen eingehalten werden.

Bei *ungehörigem Verhalten* von Gruppenmitgliedern wird der Chef sein Befremden darüber deutlich zeigen und in einem persönlichen Gespräch die kritischen Punkte zu bereinigen suchen.

Ehrgeizlinge mit ungerechtfertigten Aufstiegsambitionen sind in ihren Aktionen *rechtzeitig zu bremsen,* damit sie nicht übers Ziel hinausschießen. Sie denken nämlich in erster Linie an ihr eigenes Fortkommen und setzen sich rücksichtslos über andere Gruppenmitglieder hinweg.

Auch mit *hinterhältigen Personen,* die hinter dem Rücken des Chefs Fallstricke zu legen versuchen, sollte der Führende keine Nachsicht haben. Intriganten verdienen weder Vertrauen noch Freundschaft. Es ist ratsam, für eine gewisse Zeit Abstand von ihnen zu halten.

Lebhafte Gruppenmitglieder lassen sich von einer hektischen Atmosphäre eher anstecken als ruhige. In unserer bewegten Zeit mit ihren vielen Umwelteinflüssen, langwierigen Telefonaten und ständigem Streß ist eine gewisse Hektik fast immer vorhanden. Wenn Streß- bzw. Streitsituationen in der

Gruppe auftreten, sollte der Führende in der Lage sein, *dämpfend und beruhigend zu wirken*[40], damit sich die Situation entspannt. Auch hier ist Humor am Platze, für den alle Beteiligten dankbar sein werden.

Bei zur Überheblichkeit neigenden Mitarbeitern sollte der Chef auch mit Lob zurückhaltend umgehen und es klug dosieren.

Bevor der formelle Gruppenführer *bremsende Führungsmaßnahmen* einleitet, sollte er mit Einfühlungsvermögen dafür sorgen, daß keine berechtigten Gruppeninteressen unterdrückt werden.

Thesen zum bremsenden Führungsstil

1. Zu lebhafte Gruppenmitglieder sind zur rechten Zeit zu bremsen, damit ihre Aktivitäten in die richtige Richtung (Leistungsziele) gelenkt werden.
2. Der Vorgesetzte darf sich durch die „Normen" einer zu lebhaften Gruppe nicht von den Leistungszielen abbringen lassen.
3. Rädelsführern, Aufwieglern, Streitsüchtigen und Störenfrieden sollte man bereits in der Anfangsphase kräftig begegnen. Überhebliche, Alleswisser und Freche benötigen die persönliche Autorität des Chefs. Diese Mitglieder der Gruppe sind an der „kurzen Leine" zu führen.
4. Er sollte sich von den Lebhaften der Gruppe nicht provozieren lassen, sondern sachlich und ausgleichend wirken.
5. Bei ungehörigem Verhalten wird der Chef sein Befremden darüber deutlich zeigen und in einem persönlichen Gespräch die kritischen Punkte zu bereinigen suchen.
6. Ehrgeizlinge mit ungerechtfertigten Aufstiegsambitionen sind rechtzeitig zu bremsen, bevor sie über das Ziel hinausschießen.
7. Wenn Streß- bzw. Streitsituationen in der Gruppe auftreten, dann sollte der Chef dämpfend und beruhigend wirken.
8. Dabei wird Humor dankbar aufgenommen.
9. Lob und Anerkennung sind klug zu dosieren.

4.3 Ermutigender Führungsstil

Ruhige Gruppenmitglieder sind meist zurückhaltend und orientieren sich mehr an inneren Werten. Sie besitzten viel Feingefühl, können gut zuhören und sind ausgleichend. So bilden sie für jede Gruppe eine Bereicherung. Manche von ihnen übernehmen gern eine Gruppenerhaltungsrolle.

---

40 Diese Fähigkeit setzt voraus, daß der Chef selbst seinen Streß in den Griff bekommt (vgl. dazu *Crisand, E., Lyon, U.:* Anti-Streß-Training).

Allerdings gibt es unter den Ruhigen auch *extrem schüchterne Menschen.* Sie haben Angst, in der Gruppe aktiv mitzuwirken und wagen es oft nicht, ihre Kenntnisse und Fähigkeiten gegenüber der Gruppe zu offenbaren.

Außerdem gibt es problembeladene Menschen, die durch einen Schicksalschlag in tiefe Resignation verfallen und fast an ihrer Lage verzweifeln. Da sie ständig mit diesem Problem beschäftigt sind, können sie die Arbeitsanforderungen nicht voll erfüllen. Es unterlaufen ihnen Fehler, die man von ihnen nicht gewöhnt ist. Sie brauchen die Führungskraft als Bezugsperson in besonderem Maße und benötigen *ernstgemeinte Aufmunterungen.*

Auch wenn die täglichen Aufgaben drängen, sollte sich der Chef die Zeit nehmen, mit dem Problembeladenen über seine Situation zu sprechen und ihm *Mut und Zuversicht* zu geben. Die Fähigkeit des *aktiven Zuhörens* bzw. die Bereitschaft zur Anteilnahme an den Problemen des Mitarbeiters sind hier gefragt. Er sollte während dieses Gespräches *lobende Worte* für die früher erbrachten Leistungen finden, damit der Mitarbeiter langsam wieder „aufgebaut" und sein Selbstwertgefühl gestärkt wird. Der Chef sollte zeigen, daß er nicht nur leistungsfähig ist, sondern auch *menschliches Verständnis* hat. *Tadel oder Kritik sollten* während dieser Zeit *unterbleiben,* um die Lage nicht noch zu verschlimmern. Auch die fröhlichen Mitarbeiter der Gruppe sind gefordert, diesem Kollegen beizustehen.

Wenn der Chef die Situation dieses Mitarbeiters nicht richtig erkennt oder zur Ermutigung keine Veranlassung sieht, fühlt sich dieser *im Stich gelassen.* Wenn er sich aber ernsthaft bemüht, wird der Mitarbeiter zu gegebener Zeit das Verständnis würdigen und *mehr leisten als früher.*

Auch *sehr zurückhaltende und schüchterne* Menschen, die gewissenhaft ihre Aufgaben zu lösen versuchen, sind nicht frei von Fehlern. Durch strenge Zurechtweisungen des Chefs fühlen sie sich *schnell verletzt.* Sie verübeln der Führungskraft vor allem überzogene, laute Töne. Gegenüber den Sensiblen, die nach positiver Arbeitserfüllung streben, sind eher *Geduld und Verständnis* angebracht[41]. Wenn ein solcher Mitarbeiter über einen Fehler nicht hinwegkommt, dann sollte ihm der Chef *neuen Mut geben,* denn wenn ein Mitarbeiter spürt, daß der Vorgesetzte nicht mehr viel von ihm erwartet, läßt die Leistungsbereitschaft nach.

---

41 Allerdings sollte der Vorgesetzte gegenüber Personen vorsichtig sein, die ihre „Sensibilität" nur als Vorwand nutzen, um vom Chef eine „Sonderbehandlung" zu erfahren. Diese Mitarbeiter könnten versuchen, überall eine Sonderrolle für sich zu beanspruchen. Im allgemeinen ist aber Sensibilität nicht „gespielt", sondern eine anlagebedingte Eigenschaft einer Person, die der Chef richtig erkennen sollte.

Thesen zum ermutigenden Führungsstil

1. Problembeladene Mitarbeiter brauchen ernstgemeinte Aufmunterungen, damit sie mit ihrer Situation fertig werden.
2. Verzweifelte Gruppenmitglieder benötigen Mut und Zuversicht. Der Chef sollte ihnen neue Hoffnung geben.
3. Hier sind die Fähigkeit des aktiven Zuhörens und die Bereitschaft zur Anteilnahme gefordert.
4. Das Selbstwertgefühl des Problembeladenen ist zu stärken. Der Chef sollte für diesen Mitarbeiter lobende Worte für früher erbrachte Leistungen finden und ihn „aufbauen". Menschliches Verständnis ist nötig.
5. Tadel und Kritik sollen während der schwierigen Zeit unterbleiben, denn sie helfen dem Problembeladenen nicht.
6. Er wird später das Verständnis und die Ermutigungsbemühungen seines Chefs würdigen und mehr leisten als früher.
7. Auch gegenüber den sehr zurückhaltenden und schüchternen Menschen mit Arbeitseifer sind bei einem Fehler überzogene Töne zu vermeiden. Der Chef sollte hier nicht strafen, sondern zu weiterer Leistung ermutigen.

4.4 Fördernder Führungsstil

Leistungsstarke Gruppenmitglieder tragen durch ihre Arbeit zur Erreichung der Gruppenziele bei und sind zur Selbstkontrolle und Selbstverantwortung fähig. Schwierige Aufgaben scheuen sie nicht. Sie übernehmen auch gruppenzielorientierte Rollen in der Gruppe. Weniger gern beteiligen sie sich an allgemeinen Gruppengesprächen, die sie nicht interessieren. Nicht selten lehnen sie Leistungsschwache total ab. In Extremfällen können sehr leistungswillige Mitarbeiter zu Ehrgeizlingen oder Geltungssüchtigen werden. Im allgemeinen aber sind die Leistungsstarken die *tragenden Elemente der Gruppe*. Sie sind von der Führungskraft entsprechend *zu fördern*. Das kann sich auf dem Wege der Lohn- und Gehaltspolitik, der Karriere- und Beförderungsplanung und mit Hinweisen auf Erfolgsaussichten vollziehen. Bei einem eventuell vorhandenen Fortbildungsbedarf sind die notwendigen Förderungsmaßnahmen einzuleiten. Leistungsstarken Mitarbeitern kann man *auch schwierige Aufgaben* übertragen, für deren Erfüllung sie selbst verantwortlich sind. Der Vorgesetzte sollte ihnen *Eigenverantwortung* und *Kompetenzen* übertragen. Den nötigen *Handlungsspielraum* gibt er gern, wenn er weiß, daß er sich auf diese Mitarbeiter verlassen kann.

Auch der leistungsbereite Gruppenstar wird von der Führungskraft die nötige Förderung erhalten. Viele Vorgesetzte betrachten den informellen Gruppenführer als *„verlängerten Arm" gegenüber der Gruppe.*

Beispiel:
Beim Sport setzen manche Gruppenstars bestimmte Vorstellungen und Ideen ihres engagierten Trainers gegenüber der Mannschaft in die Tat um.

Um dieses Ziel zu erreichen, sollte der Chef guten Kontakt zum Gruppenstar haben und ihn stets über besondere Arbeitsvorgänge auf dem Laufenden halten.

Bei leistungsstarken Gruppenmitgliedern sind Kritik und Strenge ebenso wenig nötig wie überschwengliches Lob. Sie kennen ihren Stellenwert genau, weil sie eine ausgeprägte soziale Wahrnehmung haben. Bei überdurchschnittlichen Leistungen sollte klug dosierte Anerkennung gegeben werden. In dem Bestreben nach Förderung unterliegen Führungskräfte manchmal der Versuchung, ihre Gruppenstars *zu sehr hervorzuheben,* wodurch sich andere Gruppenmitglieder zurückgesetzt fühlen können.

Entstehen in der Gruppe Konflikte, so wird die Führungskraft das *sachliche Gespräch* suchen. Ernsthafte Auseinandersetzungen mit dem Gruppenstar sind schon deshalb zu vermeiden, weil dieser die Zustimmung und Unterstützung der anderen Gruppenmitglieder hat.

Außer der Sachlichkeit schätzen die leistungsbereiten Mitarbeiter auch den *Humor ihres Chefs.*

Thesen zum fördernden Führungsstil

1. Leistungsstarke Gruppenmitglieder sind von der Führungskraft zu fördern. Die Leistungsanreize können in Lohn- und Gehaltspolitik, Karriere- und Beförderungsplanung bzw. Personalentwicklung bestehen.
2. Diesen Mitarbeitern sind angemessene Aufgaben, Eigenverantwortung und entsprechende Kompetenzen zu übertragen.
3. Den nötigen Handlungsspielraum gibt der Chef gern, weil er weiß, daß er sich auf diesen Personenkreis verlassen kann.
4. Der Vorgesetzte sollte guten Kontakt zum Gruppenstar haben und ihn stets über besondere Arbeitsvorgänge auf dem Laufenden halten („verlängerter Arm“ gegenüber der Gruppe).
5. Leistungsstarken Mitgliedern der Gruppe wird er für überdurchschnittliche Leistungen dosierte Anerkennung geben.
6. Vor der Gruppe sind die Leistungsstarken allerdings nicht zu sehr hervorzuheben, weil sich andere Gruppenmitglieder dadurch zurückgesetzt fühlen könnten.
7. Bei Konflikten in der Gruppe wird der Chef das sachliche Gespräch suchen. Ernsthafte Auseinandersetzungen mit dem Gruppenstar gilt es zu vermeiden.
8. Außer der Sachlichkeit schätzen die Leistungsbereiten auch den Humor ihres Chefs.

4.5 Integrierender Führungsstil

Als *Neulinge* bezeichnen wir Personen, die noch nicht als echtes Gruppenmitglied akzeptiert werden. Sie befinden sich in keiner einfachen Situation. In manchen Fällen haben sie die vertraute Umgebung verlassen müssen und stehen vor einem Neubeginn.

Als *Außenseiter* gilt zunächst die Randfigur, die relativ interesselos ist und von anderen Mitgliedern nicht beachtet wird. Außerdem gibt es die schwarzen Schafe, die von der Gruppe abgelehnt werden.

Wenn eine Person als *Neuling* in eine Gruppe kommt, dann sollte ihm die Führungskraft helfen, aus der Rolle des „Fremdlings" herauszukommen.

Um dieses Ziel zu erreichen, sind *Maßnahmen der Integration* nötig.
Der Neuling ist in einem sachlichen Einführungsgespräch mit den *formellen und informellen Normen* der Gruppe vertraut zu machen. Der Neue sollte merken, daß auch von ihm Leistung verlangt wird. Darüber hinaus ist auf die ungeschriebenen Gesetze in der Gruppe hinzuweisen.

Ein Neuling *möchte erwartet und nicht geduldet werden.*

Der formelle Gruppenführer wird den Neuen bereits beim ersten Gruppenkontakt namentlich vorstellen, ihm seinen Platz zeigen und mit einigen einführenden Worten auf die spezielle Situation des Neulings hinweisen.

Während des Integrationsprozesses sollte der Chef dem Verhalten des Neulings größte Aufmerksamkeit schenken und bei auftretenden *Schwierigkeiten* mit ihm und der Gruppe getrennte Gespräche führen, um den Grund für die Konflikte herauszufinden. Dabei sollte allen Beteiligten bewußt werden, daß auch der Neue zur Zielerreichung der Gruppe beitragen und zu einem *festen Bestandteil der Gemeinschaft* werden soll.

Im Regelfall bleiben allgemein gehaltene Appelle an das Integrationsverhalten der Gruppe relativ wirkungslos. Deshalb ist zu erwägen, ob man einen ranghohen Mitarbeiter um die *persönliche Betreuung* des Neuen bitten sollte.

> **Beispiel:**
> In der Nähe des Neuen wohnt ein beliebtes Gruppenmitglied. Der häufige Kontakt zwischen beiden Partnern aktiviert die Antriebskräfte des Neuen.

Es bietet sich auch an, dem Neuling einen Arbeitsplatz in der Nähe seines Betreuers zu geben.

Der Vorgesetzte sollte sich auch später die Zeit nehmen, sich intensiv *um den Neuen zu kümmern.* Spricht dieser über seine Schwierigkeiten, dann sollte der Führende dies nicht abtun, sondern darauf eingehen.

Weil die neue Arbeit ungewohnt ist, fehlt es dem Neuen in der Regel noch an der nötigen Arbeitssicherheit. Bei ersten Fehlern sollte der Chef nicht zu streng reagieren, sondern *Verständnis aufbringen.* Vor allem in der Anfangsphase sollte er *mit Kritik und Tadel* vorsichtig sein.

Schon bei den ersten Leistungserfolgen sollte man den Neuling aber *angemessen loben.* Wenn dieser merkt, daß seine Leistungen anerkannt werden, wird das Erreichen der Gruppenziele erheblich begünstigt.

Hat der Neuling den Anschluß an die Gruppe geschafft, so sollten die Gruppenmitglieder gelobt werden, die dazu beigetragen haben. Wenn die Integration des Neulings in die Gruppe nicht gleich gelingt, kann es zu erheblichen Reibungsverlusten kommen. Bei Berufsanfängern ist sogar ein sog. „Realitätsschock" möglich. Solche Folgen sollten unbedingt vermieden werden[42], damit der Neuling nicht zum Außenseiter wird.

Thesen zur Integration des Neulings
(integrierender Führungsstil)

1. Neulinge sollte der Chef möglichst bald zu integrieren versuchen.
2. In einem sachlichen Einführungsgespräch ist der Neue mit den formellen und informellen Normen der Gruppe vertraut zu machen.
3. Ein Neuling möchte erwartet und nicht geduldet werden. Der Vorgesetzte wird den Neuen namentlich vorstellen und auf seine spezielle Situation hinweisen.
4. Während des Integrationsprozesses wird der Chef dem Verhalten des Neulings größte Aufmerksamkeit schenken. Schwierigkeiten sind anzusprechen.
5. Ein ranghohes Gruppenmitglied kann ersucht werden, die persönliche Betreuung des Neuen zu übernehmen. Es bietet sich auch an, den Neuling in räumliche Nähe des Arbeitsplatzes seines Betreuers zu bringen.
6. Bei ersten Fehlern sollte der Chef nicht zu streng reagieren, sondern Verständnis aufbringen. Vor allem in der Anfangsphase sollte man mit Tadel und Kritik vorsichtig sein.
7. Schon bei ersten Leistungserfolgen wird man den Neuen jedoch angemessen loben.
8. Hat der Neuling den Anschluß an die Gruppe geschafft, so sollten die Gruppenmitglieder gelobt werden, die zur Integration beigetragen haben.

42 Vgl. *Kieser, A./Nagel, R.:* Neue Mitarbeiter, Sp. 1566; *Kieser, A./Nagel, R./Krüger, K. H./ Hippler, G.:* Die Einführung neuer Mitarbeiter . . ., a. a. O., Sp. 1566 f.; *Rehn, M. L.:* Die Einarbeitung neuer Mitarbeiter; *Stopp, U.:* Neue Mitarbeiter richtig in den Betrieb einführen, S. 31–33. In manchen Unternehmen werden spezielle Einführungsveranstaltungen abgehalten. Seminare, Schulungen und Informationsgespräche dienen der Integration des Neulings in die Gesamtorganisation.

Den Aggressionen des Außenseiters sollte durch *Integrationsbestrebungen* und persönliche *Gespräche* begegnet werden. Der Vorgesetzte muß sich darum bemühen, die Gründe für das auffällige Verhalten zu erfahren und in diesem Zusammenhang auch auf die Folgen dieses Verhaltens in bezug auf die Gruppe hinweisen. Wie verworren auch immer die Situation für den Außenseiter sein mag: der Vorgesetzte sollte immer seine *Hilfe anbieten.*

Noch schwieriger ist die Führung von *depressiven* Außenseitern, die sich total in sich selbst zurückziehen. Während der Aggressive zumindest Energien hat, fehlt dem depressiven Außenseiter sogar die Restenergie. Zudem erschwert die völlige Verschlossenheit des Außenseiters es dem Führenden, die Depressionsursachen zu erkennen.

Der Führende sollte bereit sein, den Außenseitern schon bei relativ wenig Leistungszuwachs *Lob zu spenden.* Schwarze Schafe und Randfiguren benötigen die Anerkennung des Führenden besonders.

Mit Tadel muß man jedoch sehr vorsichtig sein, auch wenn die Situation für den Führenden unbefriedigend ist. Schon bei geringer Kritik ziehen sich Außenseiter in ihr „Schneckenhaus" zurück oder werden noch aggressiver als vorher.

Gezielte Arbeitsanweisungen sind angebracht, aber

- unpersönliche Worte und
- generelle Verbotsformen

müssen vermieden werden.

Werden Außenseiter von Gruppenmitgliedern gehänselt oder verspottet, so hat der Führende *schützend* einzugreifen[43]. Er sollte in Einzelgesprächen die Ursachen herausfinden und immer wieder das Gespräch suchen, um zu vermeiden, daß der Außenseiter noch mehr in seine Außenseiterrolle gedrängt wird.

Thesen zur Integration des Außenseiters
(intergrierender Führungsstil)

1. Man sollte versuchen, den Aggressionen des Außenseiters durch Integrationsbestrebungen und persönliche Gespräche zu begegnen.
2. Auch in relativ verworrenen Situationen, in denen sich Randfiguren, depressive bzw. aggressive Außenseiter befinden, wird der Vorgesetzte immer seine Hilfe anbieten.
3. Gegenüber Außenseitern sollte der Führende bereit sein, schon bei relativ wenig Leistungszuwachs Lob zu spenden.

43 Der Chef sollte darauf achten, daß nicht auf Kosten anderer Gruppenmitglieder gelacht wird.

4. Mit Tadel muß der Chef vorsichtig sein, denn schon bei geringer Kritik ziehen sich Außenseiter in ihr „Schneckenhaus“ zurück oder werden noch aggressiver als vorher.
5. Bei Außenseitern sind gezielte Arbeitsanweisungen angebracht, weil sie von sich aus wenig leistungsbereit sind.
6. Unpersönliche Worte oder generelle Verbotsformen müssen vermieden werden.
7. Werden Außenseiter von Gruppenmitgliedern gehänselt oder verspottet, so hat der Führende schützend einzugreifen.

4.6 Kombination der Führungsstile

Die dargestellten Formen des gruppenorientierten Führungsstils sind nicht isoliert voneinander zu betrachten, sondern in zweckentsprechender Verbindung anzuwenden. Dazu folgende Beispiele:

Beispiel A:
Ein Arbeiter in der Fertigungsabteilung war bisher nicht bereit, in seiner Gruppe eine Normalleistung zu erbringen. Deshalb führte sein Meister ein Konfliktgespräch mit ihm. Er machte ihm unmißverständlich klar, daß seine Minderleistungen gleichzeitig Mehrleistungen für die Gruppenmitglieder bedeuten. Durch gezieltes Bemühen des Meisters wird der Arbeiter zu *Mehrleistung angespornt.*
Im Laufe der Zeit verbessert sich die Leistung des Arbeiters derartig, daß er eine Lohnerhöhung erhält. Außerdem wird er dadurch *motiviert,* daß man ihm die Beförderung zum Vorarbeiter in Aussicht stellt.

Beispiel B:
Ein zunächst sehr schüchterner Neuling ist nach intensiver *Ermutigung* in die Gruppe *integriert* worden. Durch den Einfluß eines „Freundes“ läßt das Verhalten nach einem Jahr zu wünschen übrig: Der Mitarbeiter wird gegenüber dem Chef frech und aufsässig, so daß *bremsende* Maßnahmen erforderlich sind.

Merke:
Anspornender, bremsender, ermutigender, fördernder und integrierender Führungsstil sind nicht isoliert voneinander zu betrachten, sondern in zweckentsprechender Verbindung zu gebrauchen. Der gruppenbezogene Führungsstil ist *auf Erfolg* ausgerichtet.

4.7 Übersicht über die Führungsstile

Die folgende Darstellung gibt einen Überblick über die verschiedenen gruppenorientierten Führungsstile[44].

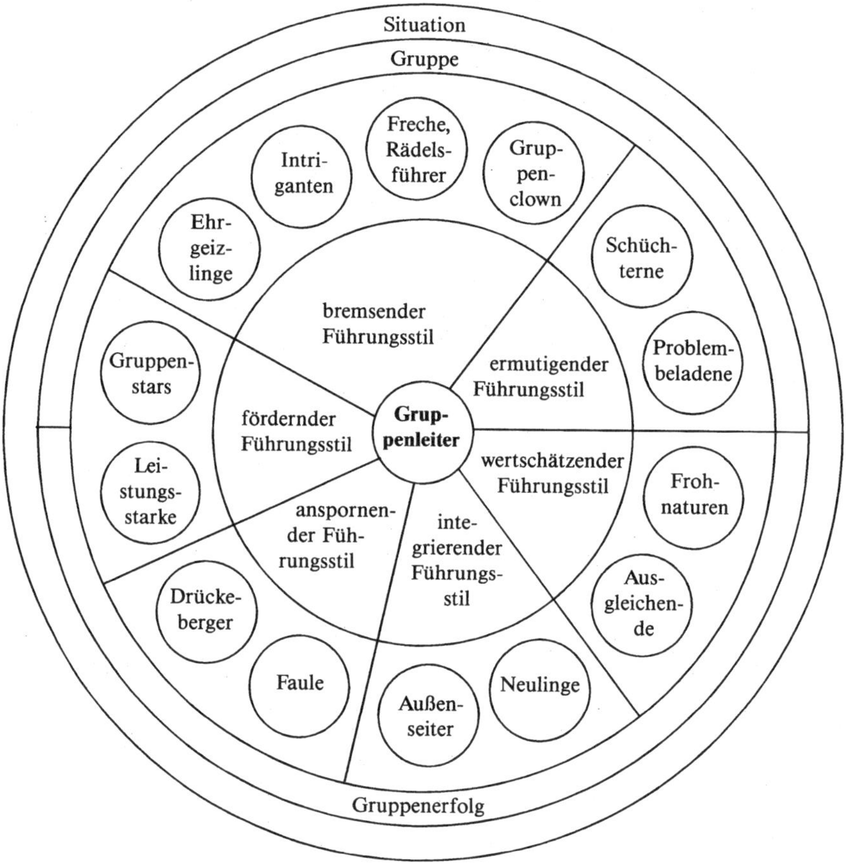

44 Vgl. *Rahn, H.-J.:* Betriebliche Führung, S. 91; *Olfert, K./Rahn, H.-J.:* Einführung in die Betriebswirtschaftslehre, S. 170; *Olfert, K./Steinbuch, P.:* Personalwirtschaft, S. 180; *Rahn, H.-J.:* Gruppenführung entscheidet über den Erfolg, S. 19. *Olfert/Rahn:* Lexikon der Betriebswirtschaftslehre Nr. 364; *Rahn, H.-J.:* Gruppenführung im Unternehmen, S. 30–33.

Wiederholungsaufgaben

Wie sollen die Gruppenmitglieder in den folgenden sieben Fällen von der Führungskraft geführt werden? Gehen sie bei Ihrem Lösungsvorschlag bitte in folgenden Stufen vor!

1. Welches Gruppenmitglied soll bzw. welche Gruppenmitglieder sollen hier geführt werden?
2. Welcher gruppenorientierte Führungsstil findet jeweils Anwendung?
3. Zählen Sie die konkreten Führungsmaßnahmen auf!

Aufgabe K: In einem Industriebetrieb führt ein Meister sieben Vorarbeiter, die jeweils drei Arbeiter in ihrer Gruppe haben. Am 1. Januar werden zwei neue Vorarbeiter eingestellt, weil die beiden bisherigen Kräfte aufgrund eines Verkehrsunfalls nicht mehr arbeiten können. Wie verhält sich der Meister am ersten Arbeitstag gegenüber den beiden neuen Vorarbeitern?

Aufgabe L: Wegen einer unwichtigen persönlichen Fehde mit seinem Englischlehrer übt ein Schüler Druck auf seine Mitschüler aus: Als Rädelsführer einer Gruppe von sechs Schülern hetzt er diese unter Androhung von Sanktionen auf. Unter diesem Druck wagt keiner der Schüler, sich gegen den Rädelsführer zu stellen. Der Unterricht wird vor allem von diesem gestört. Wie soll sich der Lehrer gegenüber diesem Rädelsführer verhalten?

Aufgabe M: In einem Bankbetrieb lernen zehn Auszubildende, von denen sieben die erwartete Leistung erbringen. Allerdings müssen drei Auszubildende von den Ausbildern in den Abteilungen immer wieder wegen mangelnder Lernbereitschaft gerügt werden. Was soll der Ausbildungsleiter in diesen drei Fällen tun?

Aufgabe N: Der Mittelstürmer einer Fußballmannschaft hat sich in der ersten Spielhälfte einen Bluterguß am Knöchel zugezogen, so daß ihm der Vereinsarzt das Weiterspielen verboten hat. Der Spieler sitzt mit hängendem Kopf in der Kabine. Wie soll der Trainer vorgehen?

Aufgabe O: Als der Klassenleiter den Schulsaal betritt, muß er feststellen, daß sich tumultartige Szenen abspielen: In der Mitte des Saales balgen sich zwei Schülerinnen, die sich schreiend an den Haaren gepackt haben. Wie sollte der Lehrer reagieren?

Aufgabe P: In der Verkaufsabteilung wirkt seit Jahren ein Star-Verkäufer, der enorme Umsatzerfolge erzielt. Sowohl bei der Kundschaft als auch bei den Kollegen ist er sehr beliebt. Sein Chef gibt ihm viel Handlungsspielraum bei seiner Tätigkeit. Dieser Chef ist Verkaufsdirektor und seit 40 Jahren in der Firma. Was raten Sie ihm?

5. Elemente des gruppenbezogenen Führungsstils

Aus der Darstellung der verschiedenen Formen des gruppenbezogenen Führungsstils erkennt man, daß zum Führungsinstrumentarium des Vorgesetzten

- Leistung *und* Beliebtheit, Menschlichkeit
- Güte *und* Autorität
- Humor *und* Sachlichkeit
- Tadel *und* Anerkennung gehören.

5.1 Leistung und Beliebtheit

Das Streben nach *Leistung* ist für eine Führungskraft selbstverständlich und unerläßlich[45]. Der Vorgesetzte sollte in seinem Leistungsverhalten *selbst* ein Vorbild[46] sein. Da sich die Gruppe Ziele setzt, haben sich Führungskraft und Gruppe mit ihnen auseinanderzusetzen. Die Gruppenziele werden nicht einseitig vom Chef festgelegt, sondern mit der Gruppe abgestimmt. Die Leistungsbereitschaft der Geführten erhöht sich, wenn sie bei der Zielfestlegung einbezogen werden. Die beschlossenen Ziele sollten so formuliert sein, daß alle Beteiligten das gleiche darunter verstehen. Man sollte die Ziele so definieren, daß die Zielerreichung meßbar ist.

Vom Chef wird erwartet, daß er nicht nur leistungsorientiert ist, sondern auch Menschlichkeit zeigt. Wie menschlich er führt, äußert sich z. B. im Grad der *Beliebtheit* bei seinen Mitarbeitern. Es kommt nicht darauf an, daß er von seinen Mitarbeitern „geliebt" wird, denn er verlangt von ihnen Leistungen. Aber unbeliebt sollte der formelle Gruppenführer auch nicht sein[47]. Er sollte seine Gruppe so souverän führen, daß ihre Zusammengehörigkeit aufrechterhalten und der Bestand der Gruppe gesichert wird. Wenn der Chef in seiner Gruppe unbeliebt ist, wird er dieses Ziel nicht erreichen. Es ist für jeden Vorgesetzten nicht leicht, den richtigen Weg zwischen Leistungsforderung und Beliebtheit zu finden.

---

45 Vgl. dazu die Ausführungen von *J. Zabeck* zum Leistungsprinzip, in: *Zabeck, J.:* Didaktik der Berufserziehung, Kap.: Das Leistungsprinzip als Regel sozialer Interaktion und seine Bedeutung für den Betrieb.

46 Vgl. *Wolff, G./Göschel, G.:* Führung 2000, S. 61.

47 Bei eigenen Führungsfehlern sollte sich auch der Vorgesetzte einmal entschuldigen können.

5.2 Güte und Autorität

Das Führungsinstrumentarium des Vorgesetzten wird sowohl gütige als auch autoritative Elemente enthalten. Einerseits soll der Chef bei Fehlern streng sein können, andererseits aber auch wohlwollende Nachsicht üben.

Nun sind die Gruppenmitglieder aber recht unterschiedlich motiviert. Problembeladene Mitarbeiter und Außenseiter erwarten beispielsweise mehr Hilfe und *Güte* als andere Gruppenmitglieder. Die Gruppe wünscht sich in der Regel, daß ihr Chef nicht kumpelhaft, sondern als Autorität anerkannt ist. Den Respekt der Gruppenmitglieder erlangt der Vorgesetzte nicht durch seinen formellen Rang, sondern durch fundierte Kenntnisse und den täglichen Nachweis seiner Führungsfähigkeiten.

Zu welchem Führungsmittel der Chef jeweils greift, richtet sich nach dem Verhalten und den Besonderheiten der Gruppenmitglieder. Zeigt der Vorgesetzte in seiner Güte Großmut, so werden manche dieses Verhalten als Vertrauensbeweis werten, andere versuchen es vielleicht auszunutzen. Bei unreifem Verhalten ist mehr Autorität als Güte angebracht. Wer trotz verschiedener Warnungen durch dem Chef Fehler gemacht hat, muß mit dessen *Autorität* rechnen. Es ist nicht immer richtig, wenn der Führende wohlwollende Nachsicht übt. Man erwartet im Gegenteil von ihm, daß er durchgreift, wenn es die Sachlage erfordert. Denn Führung basiert nicht nur auf Güte, sondern vor allem auf Autorität.

5.3 Sachlichkeit und Humor

Die Führung einer Gruppe erfordert ein hohes Maß an *Sachlichkeit.* Der Chef darf sich nicht von Gruppenmitgliedern provozieren lassen und sollte niemals unsachlich werden. Die Sachlichkeit des Führenden drückt sich in Neutralität, Objektivität, Nüchternheit und einer gewissen Ernsthaftigkeit aus.

Der Chef sollte aber nicht trocken und langweilig wirken. Leider sind heute Führungskräfte mit einer großen Portion *Humor* selten geworden. Gerade in der heutigen Zeit sollte man von der Führungskraft erwarten können, daß sie die Unzulänglichkeiten dieser Welt auch heiter betrachten kann.

Freilich gibt es Führungsprobleme, die nicht mit Humor allein zu lösen sind. Arbeitskonflikte und Spannungen in der Gruppe müssen sachlich angegangen werden. Unsachliches Verhalten kann schnell zum Autoritätsverlust des Chefs führen.

Jede Führungskraft sollte sich ferner der Gefahr von Bevorzugungen bewußt sein. Wenn der Vorgesetzte beispielsweise *einen* Mitarbeiter mit seinem Namen anspricht, dann muß er konsequenterweise *alle* Mitarbeiter mit ihrem Namen ansprechen. Auch sollte er weibliche und männliche Gruppenmitglieder gleich behandeln.

5.4 Anerkennung und Tadel

Zu den unentbehrlichen Elementen des gruppenbezogenen Führungsstils zählen die klug dosierte Anerkennung und die maßvolle Kritik.

Vor allem auf die wohldosierte *Anerkennung* von Leistungen sollte keine Führungskraft verzichten. Das Lob sollte nicht allein Spitzenleistungen gelten. Mitarbeitern mit Problemen sollte der Chef schon bei relativ wenig Leistungszuwachs Lob spenden.

Die negative *Kritik* des Vorgesetzten darf die Initiative des Mitarbeiters nicht beeinträchtigen. Vielmehr soll Fehlverhalten korrigiert werden[48].

Der formelle Führer einer Gruppe darf einen Mitarbeiter nicht in dessen Abwesenheit oder gar vor anderen Gruppenmitgliedern tadeln. Kritik hat unter vier Augen aufbauend und nicht unter Versageraspekten zu erfolgen.

Der Vorgesetzte darf im Rahmen der negativen Kritik nicht persönlich werden, sondern muß sachlich bleiben. Es ist darauf zu achten, daß relativ kleine Fehler nicht übertrieben hart kritisiert werden.

Zu strenge Kritik ist zu vermeiden. Außerdem darf die negative Kritik am einzelnen Gruppenmitglied nicht auf die ganze Gruppe übertragen werden.

Oft ist es angebracht, die negative Kritik in Frageform zu kleiden, um dem Tadel die Schärfe zu nehmen. Der Kritisierte sollte seinen Fehler selbst einsehen.

Die Kritik sollte möglichst nicht zu Arbeitsbeginn am Montag und auch nicht kurz vor Feierabend erfolgen.

Die Kritik soll zu neuer Leistung anspornen, das Selbstwertgefühl heben und das Gruppenmitglied zu neuen Taten ermutigen.

---

48 Auch Unangenehmes ist vorzubringen und darf in seiner Wirkung nicht durch den Hinweis abgeschwächt werden, man habe es nicht so gemeint. Sonst nimmt der Führende einen guten Teil dessen zurück, was er gesagt hat. Was nachhaltig wirken soll, verträgt keine Minderung.

6. Führungsaufgaben der Führungskräfte

6.1 Teilaufgaben erfolgsgerichteter Führung

Die Führung von Gruppen durch eine Führungskraft ist auf Erfolg ausgerichtet. Der Gruppenerfolg zeigt sich einerseits im Grad der Erfüllung der Gruppenziele; andererseits soll die Gruppe als Ganzes erhalten bleiben. Hinzu kommen Individualerfolge, die sich aus der Befriedigung von Bedürfnissen der einzelnen Gruppenmitglieder ergeben. Werden die Interessen der Gruppe und die Individualinteressen befriedigt, dann wird das Fortbestehen der Gruppe gesichert.

Für den Vorgesetzten ist erfolgsorientierte Führung von Gruppen mit einer Fülle von Teilaufgaben verbunden, die bisher nicht angesprochen wurde. Im Zeichen des raschen technischen Wandels stellen sich Führungskräften und Mitarbeitern *ständig neue Aufgaben,* die mit steigenden Anforderungen[49] an alle Gruppenmitglieder verbunden sind.

Um erfolgsgerichtete Führung weiter zu konkretisieren, werden im folgenden Abschnitt *sachorientierte* und *menschenorientierte* Führungsaufgaben dargestellt. Sie wurden – ohne Anspruch auf Vollständigkeit – aus der Führungspraxis abgeleitet.

6.2 Sachorientierte Führungsaufgaben

(1) Wer Führungsaufgaben zu bewältigen hat, sollte bewirken, daß die *Gruppenmitglieder*

- die Gruppenziele bejahen,
- ihre Kraft optimal einsetzen und
- sich für die Gruppenergebnisse verantwortlich fühlen[50].

(2) Die Leistungsnormen sind mit den Gruppenmitgliedern zu besprechen und zu beschließen. Diese sind dabei nicht als „Mittel zum Zweck" zu betrachten, sondern als eigenverantwortliche Menschen zu behandeln. Es können *Jahres-, Monats- bzw. Wochenziele* vereinbart werden.

---

49 Vgl. *Mayer, A.:* Die Betriebspsychologie in einer technisierten Welt; *Marx, A.:* Die berufliche Aus- und Fortbildung; *Rahn, H.-J.:* Formen der Aufbauorganisation des betrieblichen Bildungswesens.

50 Vgl. *Sahm, A.:* Übungsziel: Führungsverhalten, Kap. 2: Führungsstil.

Der Vorgesetzte trägt die Verantwortung für das Leistungsergebnis seiner Gruppe. In diesem Zusammenhang hat er *organisatorische Grundsätze und Arbeitsrichtlinien* zu beachten.

(3) Die *arbeitsbezogenen* Aufgaben der Führungskraft[51] umfassen eine Fülle von

- Planungsaufgaben
- Entscheidungsaufgaben
- Aufgaben der Mitarbeiterauswahl
- Aufgaben der Beurteilung bzw. Förderung
- Delegationsaufgaben
- Koordinations- und Organisationsaufgaben
- Informations- und Kontrollaufgaben.

Gegenüber den Mitarbeitern ist nicht kleinliche Überwachung angebracht, sondern Erfolgskontrolle im Hinblick auf die zu erreichenden Gruppenziele.

(4) Darüber hinaus erwartet die Gruppe von ihrem Chef, daß er anfallende *Arbeitsprobleme* sachlich analysiert und die Ursachen der Schwierigkeiten herausfindet. Der Führende hat Sachbeschwerden auf ihren Grundgehalt zu prüfen. Beschwerden sind nicht selten ein Vorwand für das Verschweigen der eigentlichen Hintergründe. Manche Probleme, die einer angeblich schlechten Organisation angelastet werden, liegen in persönlicher Unzufriedenheit des Gruppenmitglieds.

6.3 Menschenorientierte Führungsaufgaben

(1) Die Führungskraft sieht sich nicht nur sachorientierten, sondern auch menschenorientierten Aufgaben gegenüber. Der Chef soll die Gruppenmitglieder so führen und *motivieren,* daß die Gruppe erhalten bleibt und ihr Fortbestehen gesichert ist. Außerdem hat er zu berücksichtigen, daß die Gruppenmitglieder auch individuelle Interessen haben.

(2) Das Prinzip muß sein, nicht über die Gruppe zu herrschen, sondern mit ihr zu kooperieren. Der Chef sollte seine Mitarbeiter als Partner behandeln. Wer andere unterdrücken möchte, erzeugt in der Regel wachsenden Widerstand. *Persönliche Integrität und Loyalität* sind unabdingbare Voraussetzung zur Bewältigung der Führungsaufgaben. Jede Führungskraft sollte das einzelne Gruppenmitglied gelten lassen und es nicht herabsetzen. Anmaßende Haltung stößt ab.

---

51 Vgl. *Stroebe, R./Stroebe, G.:* Grundlagen der Führung, Kap. 2.4.

(3) Zur *Förderung des Zusammengehörigkeitsgefühls* der Gruppe sollte der Chef ein sog. „Wir"-Gefühl erzeugen können. Es kann z. B. sinnvoll sein, ein Foto machen zu lassen, auf dem alle Gruppenmitglieder zu sehen sind. Manche Führungskräfte merken sich persönliche Daten (Geburtstag, Hobbys usw.) ihrer Mitarbeiter oder notieren sie. Mitarbeiter schätzen es, wenn der Chef z. B. an ihren Geburtstag denkt. Sie spüren, daß der Chef nicht nur Sachprobleme sieht, sondern auch menschlich am Gruppenleben teilnimmt. Er sollte sich allerdings niemals aufdrängen.

(4) Die *Aufrechterhaltung der Gruppenzusammengehörigkeit* kann durch Organisation und Realisation von Ausflügen gefördert werden. Jedes Mitglied sollte spüren, daß es „dazu" gehört. Wer vergißt schon, daß der Chef ihn im Krankenhaus besucht hat? Das menschliche Verhalten auch außerhalb der Arbeitssituation wird von der Gruppe besonders registriert.

(5) *Zwischenmenschliche Konflikte* in der Gruppe sind von der Führungskraft zu analysieren und zu bewältigen. Im Rahmen der kooperativen Konfliktbewältigung kann folgendes Vorgehen erwogen werden: Die Erregung kontrollieren, Vertrauen herstellen, offen kommunizieren, Probleme lösen, Vereinbarungen treffen und Probleme persönlich verarbeiten[52].

Zur Konfliktberuhigung kann es z. B. schon ausreichen, die Streitenden vorübergehend räumlich voneinander zu trennen. In anderen Fällen hat es sich bewährt, Gruppenmitglieder in räumliche Nähe zueinander zu bringen. So kann man z. B. einen sehr ruhigen Menschen in die Nähe eines lebhaften bringen. Ebenso ist es denkbar, ein leistungsschwaches Mitglied in die nähere Umgebung eines leistungsstarken Mitglieds zu versetzen.

(6) Innere Konflikte führen gelegentlich zur sog. „inneren Kündigung"[53], die nicht selten mit dem falschen Führungsverhalten des Chefs begründet wird. Das Gruppenmitglied verzichtet dann bewußt auf Engagement und Eigeninitiative. Umgekehrt klagen Vorgesetzte über die schlechten Ergebnisse ihrer Gruppe und über das Verhalten der Gruppenmitglieder. Beide Seiten sollten versuchen, sich *mehr in die arbeitsmäßige bzw. menschliche Situation* des anderen hineinzuversetzen.

Um Engagement und Eigeninitiative der Gruppenmitglieder zu erhalten bzw. zu fördern, sollten Führungskräfte diejenigen *Persönlichkeits-, Gruppen-, Situations- und Führungsfaktoren* genauer untersuchen, die die Gruppensituation bzw. den Gruppenerfolg bestimmen.

---

52 Vgl. *Berkel, K.*: Konflikttraining, Kapitel II, 2.4.
53 Vgl. *Höhn, R.*: Die innere Kündigung im Unternehmen.

Außer den Grundlagen erfolgsbezogener Führung und der Anwendung des dargestellten Führungsmodells sollte eine Führungskraft auch die informelle Rangordnung in ihrer Gruppe kennen und die Aufstellung eines *Soziogramms* erwägen. Darüber hinaus sollte sich der Vorgesetzte gruppenbezogene, rollen- und merkmalsorientierte Fragen stellen. Sind die Eigenheiten der einzelnen Gruppenmitglieder bekannt, sollte unter Beachtung sach- bzw. menschenbezogener Aufgaben der *gruppenorientierte Führungsstil* Anwendung finden.

Die betriebliche Praxis kennt eine Fülle besonderer Gruppen[54]. Es sind zu unterscheiden:

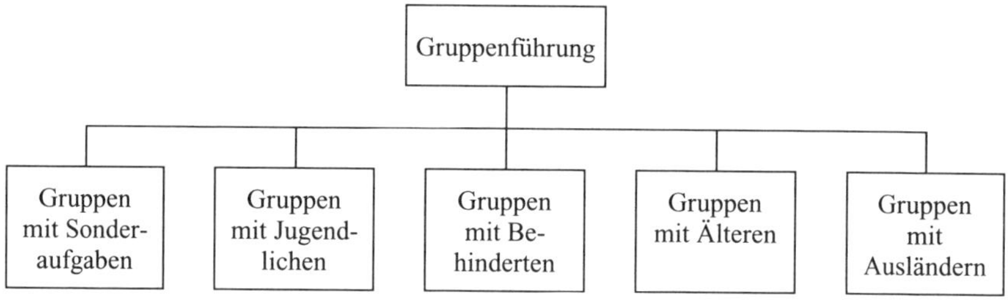

In der Praxis behandeln Führungskräfte ihre Mitarbeiter nicht nur als Individuen, sondern auch als Gruppenmitglieder. In dem folgenden Teil wird dargestellt, welche Merkmale bestimmte Gruppen haben bzw. welche Führungsinstrumente jeweils einzusetzen sind.

---

54 Vgl. *Richter, M:* Personalführung im Betrieb, S. 505–523; *Haberkorn, K.:* Praxis der Mitarbeiterführung, Kap. 8.5.

7. Besondere Gruppen im Unternehmen

7.1 Gruppen mit Sonderaufgaben[55]

Eine *Projektgruppe* hat einen Projektleiter, der die Gruppe führt. Sie ist aufgabenorientiert, arbeitet interdisziplinär und wird zeitlich begrenzt eingesetzt. So können z. B. Projektgruppen für große Bauvorhaben oder für die Errichtung eines Werkes gebildet werden. Die hauptamtlich tätigen Mitglieder kommen aus unterschiedlichen Hierarchieebenen. Bei Bedarf ist auch die kurzfristige Einberufung der Gruppenmitglieder möglich.

Den Leiter eines *Wertanalyseteams* bezeichnet man als Wertanalyse-Moderator. Es werden – vom Ist-Zustand ausgehend – im Team bereichsübergreifende Lösungen ermittelt. Als Beispiele gelten Teams zur Ermittlung von Rationalisierungs- und Kostensenkungsmaßnahmen. Die Orientierung erfolgt an quantifizierbaren Zielen. Man pflegt in diesem Kreis eine kreativitätsfördernde Arbeitsweise. Im Regelfall ist ein stark normiertes Vorgehen üblich.

Im Rahmen der *Teamentwicklung* arbeitet eine Gruppe mit einem Trainer bzw. Berater zusammen. Man geht einige Tage „in Klausur“. Untersuchungsgegenstand der Gruppe ist die Gruppe selbst. Man sucht beispielsweise nach Faktoren, die die effektive Gruppenarbeit behindern. Alle Gruppenmitglieder bemühen sich darum, Lösungen zur Beseitigung der Probleme zu finden. Ziel der Teamentwicklung ist es, die spezifischen Interaktions- und Kommunikationsformen ihrer Mitglieder und ihre Gruppennormen zu erkennen.

Eine *teilautonome Gruppe* entscheidet, ob und unter welchen Voraussetzungen sie einen Führer haben möchte oder nicht oder welches Gruppenmitglied diese Funktion übernimmt. Die Gruppe bemüht sich um Selbstregulation, Selbstbestimmung und Selbstverwaltung. Es wird nach der Zielvereinbarung statt der Zielvorgabe gestrebt. Die Gruppe legt ihre Rahmenbedingungen der Arbeit selbst fest. Die Entscheidungsbefugnisse werden zu einem großen Teil in die Hand der Gruppe gegeben. Man folgert daraus eine Erhöhung der Arbeitsqualität bzw. weniger Fluktuation im Unternehmen.

Der Leiter eines *Werkstattzirkels* ist Meister oder Vorarbeiter. Es werden z. B. Problemlösungsgruppen für Werkstattprobleme gebildet. In der Regel ist eine starke Reglementierung durch Personen höherer Hierarchieebenen gegeben. Diese Einschränkungen lassen für Kreativität weniger Raum. Dennoch hat man in der Praxis auch gute Erfahrungen mit Werkstattzirkeln gemacht.

---

55 Vgl. *Bergemann, N./Sourrisseaux, A. L. J.:* Qualitätszirkel, S. 19–37.

Als Leiter einer *Lernstattgruppe* fungiert der Moderator einer Gruppe von Arbeitern. Es werden z. B. Lösungsvorschläge zur Arbeitssicherheit im Unternehmen erarbeitet, ohne daß ein Vorgesetzter anwesend ist. Die Vorschläge haben eine große Chance der praktischen Umsetzung, da sie von den Betroffenen selbst erarbeitet wurden. Die Mitglieder treffen sich in regelmäßigen Zeitabständen. Es wird die Gesamtpersönlichkeit des Mitarbeiters einbezogen.

Der Leiter eines *Qualitätszirkels* wird von der Gruppe gewählt (Moderator). Der direkte Vorgesetzte der Gruppe muß nicht anwesend sein. Die Mitglieder treffen sich auf freiwilliger Basis und regelmäßig, um gemeinsam betriebliche Probleme zu analysieren und zu lösen. Diese liegen z. B. in der Verbesserung der Produktqualität, in der Förderung der Qualität der Arbeitsbedingungen bzw. des Arbeitsprozesses. Anstehende Entscheidungen werden in der Gruppe erarbeitet, deren Mitglieder aus dem gleichen Arbeitsbereich kommen.

7.2 Jugendliche Gruppen

Von einem *Gruppenleiter* wird erwartet, daß er Verständnis für Jugendliche hat und diesen gegenüber aufgeschlossen ist. Jugendliche haben ein großes Bedürfnis nach Achtung, Wärme und Rücksichtnahme.

Der Gruppenleiter muß versuchen, dem Jugendlichen zu helfen, Sachverhalte in Zusammenhängen zu sehen. Widersprüchliches ist aufzulösen und zu verarbeiten. Entgegen der weitverbreiteten Auffassung ist der persönliche Erziehungsstil nicht „angeboren“, sondern erlernbar[56]. Folgende Grundregeln sind zu beachten:

Manche Jugendliche sehen schon älter aus, als sie sind. Der Gruppenleiter sollte sich nicht durch das Aussehen von Jugendlichen beirren lassen. Sie sind entsprechend ihren Fähigkeiten zu *fordern*. Der Führende sollte die Jugendlichen zu selbständiger Arbeitsweise und zu Verantwortungsbewußtsein hinführen.

Der Gruppenleiter sollte sich nicht durch unbedachte Äußerungen von Jugendlichen provozieren lassen, sondern er sollte sachlich bleiben[57]. Man muß Einsicht in die Folgen des Handelns schaffen und konsequent sein („gegenhalten“). In den Forderungen sollte man fest bleiben.

---

56 Vgl. *Crisand, E./Kiepe, K.:* Psychologie der Jugendzeit, S. 71.
57 Vgl. *Rahn, H.-J.:* Betriebliche Führung, S. 190.

Entwicklungsbedingte Probleme sind als solche zu erkennen. Die Gruppe der Jugendlichen ist ernst zu nehmen. Der Ausbilder sollte die Jugendlichen ihre Fehler selbst finden lassen und *Selbsterkenntnis* bewirken. Er wird ihnen Anerkennung geben und nicht alles als selbstverständlich nehmen. *Alterstypische* Probleme – wie z. B. den Wechsel zwischen lautem Lachen und anschließendem tiefen Schmerz – sollte man tolerieren und Verständnis dafür zeigen.

Wenn Jugendliche lügen, sollte man ihnen helfen, eine neue Einstellung zu finden („wer lügt, dem glaubt man nicht. Wollen Sie das?"). Es sind ernsthafte Gespräche darüber zu führen (Lage, Gründe, Folgen).

Die Hormonumstellung in der *Pubertät* und die altersbedingten Einflüsse führen dazu, daß Jugendliche oft keine Lust zum Lernen haben. Es sollte nach Aufgaben gesucht werden, die Erfolgserlebnisse bringen und manchmal auch Teilverantwortung übertragen. Man sollte versuchen, ihre *Neugier* zu wecken, sie „anzustacheln" und ihren Ehrgeiz zu aktivieren. Jugendliche haben oft Umstellungsprobleme von der Schule auf den Betrieb. Der Vorgesetzte sollte Geduld mit ihnen haben.

7.3 Gruppen mit Behinderten[58]

Die Gesellschaft hat eine besondere Verpflichtung zur *Hilfe,* wenn es um Behinderte geht. Verstärkte Kontaktpflege seitens des Vorgesetzten als Zeichen der mitmenschlichen Anteilnahme ist angebracht.

Ermutigung zur Lebensbewältigung ist notwendig („Es geht weiter!"), und ein Gefühl des „Mitgeschlepptwerdens" ist unbedingt zu vermeiden. Mitleidiges Verhalten ist nicht angebracht, sondern Behinderte sollen akzeptiert und geachtet werden. Die allzugroße Vorsicht im Umgang mit Behinderten ist abzulehnen.

Einfühlungsvermögen, Phantasie und *Geduld* sind gefordert, und Rücksicht ist angebracht. Man sollte Behinderte nicht in Einsamkeit, Verbitterung oder Resignation treiben, sondern ihnen helfen.

Vor allem sollte man vermeiden, aus bloßer Neugier Fragen nach der Behinderung zu stellen (wodurch? seit wann? usw.). Wenn Behinderte jedoch von sich aus über ihre Situation sprechen möchten, sollte man sich diesem Aussprachebedürfnis nicht entziehen.

---

58 Vgl. *Frieling, E.:* Behinderte und Leistungsgewandelte, Sp. 97–105; *Runde, P.:* Behinderte Arbeitnehmer, Sp. 545–554.

7.4 Gruppen mit älteren Mitarbeitern[59]

Das kalendarische Alter sagt äußerst wenig über die körperliche, geistige und berufsspezifische Leistungsfähigkeit aus.

Die älteren Mitarbeiter haben über viele Jahre hinweg ihre Anstrengungen in den Dienst des Betriebes gestellt. Deshalb verdienen sie die *Wertschätzung* ihres Gruppenleiters. Frühere Beiträge der Älteren sollten von Vorgesetzten nicht ignoriert werden. Es ist außerdem bewiesen, daß ältere Mitarbeiter nicht mehr Fehlzeiten haben als Jüngere.

Mit zunehmendem Alter tritt weniger eine Leistungsminderung als vielmehr ein Leistungswandel ein. Mögen die Körperkräfte (z. B. bei langem Stehen) am Arbeitsplatz nachlassen, so werden aber Sorgfalt und Umsicht, *Erfahrung* und Geduld, Zuverlässigkeit und Verantwortungsbewußtsein, Überzeugungsgabe und Besonnenheit zunehmen.

Vom Gruppenleiter erwarten die Älteren, daß ihre über viele Jahre hinweg gesammelten Erfahrungen respektiert werden. Ältere Mitarbeiter wünschen, daß ihre Leistungen während ihrer Betriebszeit Anerkennung finden.

Gruppenleiter dürfen keine Einschränkung des „Ansehens" älterer Mitarbeiter zulassen. Neue Gruppen sind auf Ältere vorzubereiten. Bei Neuerungen und Umstellungen sollte man ältere Mitarbeiter rechtzeitig informieren. *Takt* im Umgang mit Älteren ist selbstverständlich.

Der Gruppenleiter sollte auf die Erfahrungen der Älteren zurückgreifen und sie ihre Erfahrungen an jüngere Mitarbeiter weitergeben lassen.

Die Befreiung von stärkerer Muskelbelastung ist angebracht, evtl. auch die Übertragung von Kontrollarbeit statt Tempoarbeit. Beim Nachlassen der Seh- oder Hörschärfe sollte der Vorgesetzte auf eine rechtzeitige Untersuchung drängen!

Vorurteile gegenüber älteren Menschen (sog. „Defizitmodell") sind abzubauen. Auch ältere Gruppenmitglieder sind noch lern- und umstellungsfähig.

Ungerechtfertigte Vorurteile von Führungskräften führen oft zu einer Unterforderung der Älteren. Sie ist genauso schädlich wie eine Überforderung, denn sie trägt zu einer Verkümmerung des i. d. R. durchaus noch vorhandenen Leistungspotentials bei.

---

59 Vgl. *Lehr, U.:* Psychologie des Alterns; *dies.:* Führung von älteren Mitarbeitern, Sp. 1–14; *Richter, M.:* Personalführung im Betrieb, S. 516–519.

Allgemeinrezepte kann es nicht geben. Man sollte den zukünftigen Ruheständler jedoch zum Nachdenken darüber bewegen, was ihm persönlich seine Berufstätigkeit und sein berufliches Umfeld bedeutet. Der Vorbereitung auf den Ruhestand kommt also große Bedeutung zu (z. B. körperliche Aktivitäten, Aktivierung geistiger Kräfte, Interessenauslotung, Hobbies, Schaffung sozialer Kontakte, Vereinsleben usw.).

Die betriebliche Verantwortung für die *nachberufliche* Phase, die heutzutage ein Viertel der gesamten Lebenszeit umschließt, sollte erkannt werden.

7.5 Gruppen mit ausländischen Mitarbeitern[60]

Ausländische Mitarbeiter haben es im fremden Land nicht leicht, weil sie sich weitab von der Heimat mit für sie zum Teil neuen Bedingungen abfinden müssen.

Ausländer haben eigene religiöse Gewohnheiten bzw. eigenes *Brauchtum* (z. B. Moslems: Gebete, Eßgewohnheiten usw.). Sie haben oft einen ausgeprägten Nationalstolz. In der Regel sind sie weit von ihrer Familie entfernt (Heimweh).

Vor allem der Ausländer möchte als Mensch behandelt sein. Mißtrauen und Empfindlichkeiten sollte der Gruppenleiter gar nicht erst entstehen lassen. Nationale und religiöse Eigenheiten bzw. Brauchtum sind zu akzeptieren. Die inländischen Mitarbeiter sind gegebenenfalls auf solche Eigenheiten vorzubereiten.

Kontaktproblemen von Ausländern sollte der Gruppenleiter durch die Bestellung eines geeigneten *Mentors* für Ausländer entgegenwirken. Bei der Planung der Arbeitsteams ist darauf zu achten, daß Ausländer aus politisch verfeindeten Nationen nicht zusammenkommen.

Es ist vor allem auf *Rollenakzeptanz* zu achten. Es dürfen keine Unterschiede zwischen Inländern und Ausländern, z. B. bei Kritik an den Arbeitsergebnissen, gemacht werden. Hier reagieren Ausländer besonders empfindlich.

Dem Ausländer sollten bedeutsame Betriebsvorgänge mit bildhaftem *Anschauungsmaterial* erklärt werden. Auch die Betriebsordnung bzw. das Lohnsystem sind zu erläutern.

---

60 Vgl. *Striso, W.:* Mitarbeiter, ausländische, Sp. 1303–1312; *Weber, W.:* Führung von Gastarbeitern, Sp. 977–982; *Richter, M.:* Personalführung im Betrieb, S. 519–523; *Tönsmann, W.:* Praktische Mitarbeiterführung, S. 127 f.

8. Checkliste zur Gruppenführung

Auf der Basis erfolgsorientierter Führung erhöht sich die Wahrscheinlichkeit, daß die Gruppenziele erreicht, das Zusammengehörigkeitsgefühl gestärkt und auch der Individualerfolg gesichert werden.

Zusammenfassung aller Fragen, die sich eine Führungskraft stellen sollte:

1. Fragen zur Führungskraft selbst

1.1 Merkmalsbezogene Fragen
- a) Wie bin ich?
- b) Wie verhalte ich mich?
- c) Wie wirke ich?

1.2 Rahmenbezogene Fragen
- a) Beachte ich die Arbeitsrichtlinien und Führungsgrundsätze?
- b) Habe ich alle Führungsanweisungen gelesen?

1.3 Führungsstilbezogene Fragen
- a) Verlange ich zuviel oder zu wenig Leistungen?
- b) Bin ich bei der Gruppe beliebt oder unbeliebt?
- c) Verhalte ich mich zu streng oder zu gütig?
- d) Bin ich zu kritisch und vielleicht nicht souverän?

2. Fragen zu den Gruppenmitgliedern

2.1 Merkmalsorientierte Fragen
- a) Wer sind die Gruppenstars?
- b) Welche Mitglieder sind leistungsstark, welche schwach?
- c) Wer zählt zu den lebhaften bzw. ruhigen Mitgliedern?
- d) Welche Mitglieder haben Probleme?
- e) Gibt es Neulinge, Randfiguren, schwarze Schafe?

2.2 Rollenorientierte Fragen
- a) Wer übernimmt die gruppenzielorientierte Rolle?
- b) Wer übernimmt die Gruppenerhaltungsrolle?
- c) Wer nimmt Individualrollen wahr?
- d) Mit wem sollte ich demnächst sprechen?

3. Fragen zur Gruppe

3.1 Strukturorientierte Fragen
- a) Ist die Gruppe zu groß oder zu klein?
- b) Ist die Rangordnung klar oder unklar?

c) Welche Verbindungskanäle bestehen in der Gruppe?
d) Wer gesellt sich zu wem und warum?

3.2 Aufgabenorientierte Fragen
a) Ist die Gruppenaufgabe zu leicht oder zu schwierig?
b) Hat die Gruppe zuviel oder zu wenig Zeit zur Lösung?
c) Sind Kompetenz und Verantwortung richtig verteilt?

3.3 Erfolgsorientierte Fragen
a) Ist die Gruppe zielorientiert?
b) Ist sie erhaltungsorientiert?
c) Ist die Gruppe individuell orientiert?

3.4 Sonstige Fragen
a) Wo steht meine Gruppe in der Gesamtorganisation?
b) Welche Beziehungen bestehen zu anderen Gruppen?

4. Fragen zum Erfolg

4.1 Fragen zur Führungskraft
a) Trage ich selbst genügend zum Gruppenerfolg bei?
b) Kann ich meine eigene Leistung noch steigern?
c) Kann ich mehr für die Erhaltung der Gruppe tun?

4.2 Fragen zu den Gruppenmitgliedern
a) Wer trägt besonders zur Erreichung der Leistungsziele bei?
b) Wer bemüht sich besonders um die Gruppenerhaltung?
c) Werden die Einzelbedürfnisse ausreichend befriedigt?
d) Wo liegen Unzufriedenheitsgründe?

4.3 Fragen zur Gruppe
a) Wie steht meine Gruppe leistungsmäßig gegenüber anderen?
b) Wo liegen die Gründe für Abweichungen?

5. Fragen zur Situation

5.1 Fragen zur Arbeitssituation
a) Ist die Arbeitssituation durch Lärm belastet?
b) Enthält der Arbeitsablauf genügend Pausen?
c) Ist einwandfreie Beleuchtung gegeben?
d) Sind die Arbeitsräume mit den entsprechenden Mitteln versehen?
e) Ist der Arbeitslohn der Leistung angemessen?
f) Ist der formelle Aufbau klar geregelt?
g) Sind die Aufgabenbereiche von den Trägern überschaubar?
h) Entspricht das Eignungspotential den Anforderungen?

i) Besteht Kongruenz von Aufgaben, Kompetenzen, Verantwortung[61]?
j) Wurde Doppelarbeit vermieden?
k) Wurde den Trägern genügend Eigenverantwortung übertragen?
l) Ist die Subordinationsquote vertretbar?
m) Wurde auf die Wahrung der Wirkzusammenhänge geachtet?
n) Müssen die Führungsgrundsätze geändert werden?

5.2 Fragen zur Privatsituation

a) Ergeben sich Probleme aus dem Familienbereich?
b) Sind Schwierigkeiten anderer Art gegeben? (Trauer, Streit, Geldsorgen, Privatstreß usw.)
c) Wann werde ich einen Ausflug (Theaterbesuch, Fußballspiel usw.) anregen?
d) Wie kann ich andere „Wir“ -Erlebnisse in der Gruppe schaffen?

6. Abschlußfragen

a) Wie sollte ich meine Gruppenmitglieder führen? (Soll)
b) Wie führe ich meine Gruppenmitglieder? (Ist)
c) Weicht mein Führungsverhalten vom Soll ab? (Soll-Ist-Vergleich)
d) Was ist zu ändern? (Selbstverpflichtung)

61 Vgl. *Gaugler, E.:* Instanzenbildung, Kap. C.

9. Schluß

Ausgehend von den Grundlagen *erfolgsbezogener Führung* haben wir uns mit den Formen von Gruppen und dem Rollenverhalten im Führungsprozeß beschäftigt. Diese Rahmendaten wurden dazu benutzt, Anwendungsmöglichkeiten des erfolgsbezogenen Führungsmodells aufzuzeigen.

Wir stellten Regeln zur informellen *Gruppenbildung* auf und untersuchten die Komponenten der informellen *Rangordnung.* Außerdem lenkten wir die Aufmerksamkeit auf die Möglichkeiten der Erfassung von *Gruppenstrukturen.*

Darüber hinaus wurden *Einzelmerkmale von Mitgliedern* einer Gruppe näher charakterisiert und diejenigen Eigenschaften herausgearbeitet, die Ansatzpunkte für den *gruppenorientierten Führungsstil* bieten. Abschließend haben wir die sach- bzw. menschenbezogenen *Teilaufgaben* erfolgsbezogener Führung analysiert.

Es bleibt anzumerken, daß sich diese *Führungskonzeption nicht als Patentrezept* versteht, denn dafür ist die Führungsrealität zu vielschichtig und kompliziert. Mitglieder einer Gruppe sind keine Figuren, die man schematisch nach Rezeptkatalogen führen kann.

Ohne Intuition und Gespür für die Verhaltensweisen von Gruppenmitgliedern ist erfolgsgerichtete Führung nicht denkbar. Dennoch wurde der Versuch unternommen, modellhafte Grundthesen aufzustellen, um Anregungen für die Führung von Gruppen und für das Studium der Führungspsychologie zu geben.

10. Anhang: Fälle zum Meistertraining

Fall 1

Eine Gruppe von 25 Arbeitern soll auf einer Baustelle im Ausland unter Leitung der fachlich hervorragenden Meister A und B schwierige Reparaturarbeiten durchführen. Der Obermeister hat die Gruppen vom Inland aus eingeteilt und muß nach kurzer Zeit feststellen, daß A und B Ehrgeizlinge sind, die mit ihrer Hausmacht nicht miteinander, sondern gegeneinander arbeiten.

Was hätte der Obermeister schon vor dem Auslandseinsatz anders entscheiden müssen? Unterbreiten Sie zwei Vorschläge!

Fall 2

Sie sind als Meister auf einer Baustelle tätig. Dort haben Sie nebenbei auch die Verantwortung für die Ausbildungsarbeit übernommen. Ihr Vorarbeiter hat außer zwei Arbeitern auch zwei fünfzehnjährige und zwei neunzehnjährige Auszubildende zu betreuen. Ihr Vorarbeiter kommt zu Ihnen als Meister und klagt, daß die Fünfzehnjährigen ihm ständig widersprechen.

Wo liegt hier das Problem? Was sollte der Meister seinem Vorarbeiter raten?

Fall 3

Ein Siebzehnjähriger wird in den nächsten Monaten volljährig. Er wird Ihnen, dem Meister, zugeteilt. Als Sie durch die Halle gehen – sehen Sie – wie dieser 17jährige einem älteren Kollegen aus Übermut ein Bein stellt. Fast wäre ein Unfall passiert, weil der ältere Kollege beinahe unter ein Auto gefallen wäre.

In welcher Phase befindet sich dieser Jugendliche und wie ist er zu führen?

Fall 4

Ihre Mitarbeiter von Schicht 2 wissen, daß Mitarbeiter T in der Arbeitszeit dem Alkohol zuspricht. Gestern soll er direkt an der Anlage umgefallen sein, so daß ihn die Mitarbeiter wegtragen mußten.

Worauf ist vor Ort zu achten? Welche Maßnahmen sind am nächsten Tag zu ergreifen?

Fall 5

Ein Betriebsleiter ruft Sie an und verlangt, daß Sie einen Ihrer leistungsstarken Mitarbeiter benennen, der in der Nachbarabteilung an einem wichtigen Versuch teilnehmen soll. Der Mitarbeiter, den Sie dafür ausgewählt haben, ist dreißig Jahre alt.

Welche Faktoren spielen bei Versetzungen eine Rolle?

Fall 6

Die Arbeitsleistung eines 29 Jahre alten gelernten Schlossers fällt nach anfänglich guter Leistung rapide ab. Er kommt öfter zu spät, zeigt Trotzhaltung und fehlte zweimal unentschuldigt. Auch die Kollegen klagen über mangelnde Arbeitsbereitschaft. Er ist seit 3 Wochen im Lager als Packer tätig.

Wo liegt das Problem? Was ist konkret zu tun?

Fall 7

Sie sollen als Meister – mit dem Betriebsleiter zusammen – aus 30 Mitarbeitern eine neue Gruppe so zusammensetzen, daß sie sinnvoll zusammenarbeitet. Das neue Arbeitsgebiet umfaßt das Einlagern von Waren im Elektromateriallager.

Welche Regeln sind bei der Zusammenstellung der Gruppe zu beachten?

Fall 8

Drei junge Auszubildende durchlaufen im Rahmen des Job-rotation-Systems den Betrieb, sind aber in verschiedenen Abteilungen untergebracht. In der Mittagspause treffen sie sich gern in der Kantine, weil sie sich sympathisch sind. Sie tragen einen ähnlichen Haarschnitt.

Worum geht es hier?

Fall 9

Durch eine Neuorganisation im Betrieb werden Sie darüber informiert, daß jeder Meister eine Person benennen muß, die in Ihrem Verhinderungsfalle die Entscheidungsverantwortung übernimmt.
Folgende zwei Mitarbeiter bieten sich an:
Vorarbeiter R: 10 Jahre im Betrieb
fachlich sehr gut
sehr ruhig und sachlich
in Gruppe nicht sehr beliebt

Vorarbeiter E: 5 Jahre im Unternehmen
fachlich mittelmäßig
lustiger Typ: Witzeerzähler
genießt Sympathie in der Gruppe

Begründen Sie, welchen Vorarbeiter Sie für die Lösung der Aufgabe auswählen würden!

Fall 10

In Ihrer Abteilung ist das Arbeitsvolumen enorm angestiegen. Durch Krankheit ist ein guter Mitarbeiter ausgefallen. Um die kurzfristige Mehrarbeit zu bewältigen, ordnet der Meister einschneidende Änderungen des üblichen Betriebsablaufs an. Mit enormem Druck auf die Gruppe soll die Mehrarbeit bewältigt werden.

Wozu führt enormer Druck auf die Gruppe? Wozu kann es führen, wenn der Vorgesetzte zu wenig Druck ausübt?

Fall 11

In der Praxis setzt der Meister Führungsinstrumente ein, um seine Mitarbeiter zum Erfolg zu bringen. Beim Einsatz dieser Instrumente ist die jeweilige Führungssituation zu berücksichtigen.

Entwickeln Sie eine Skizze eines Kreislaufmodells der Gruppenführung!

Fall 12

In einer Autoreparaturwerkstatt mit 5 Kfz-Mechanikern soll erstmals für einen pensionierten Mitarbeiter eine Kfz-Mechanikerin mit Berufsabschluß eingestellt werden. Die Gruppenmitglieder sehen der neuen Mitarbeiterin mit gemischten Gefühlen entgegen.

Was sollte der Führende hier tun?

Fall 13

Mehr als die Hälfte Ihrer Mitarbeiter ist älter als 50 Jahre. Der Gesundheitszustand eines dieser Mitarbeiter ist sehr schlecht. Er hat einen erheblichen Bandscheibenschaden. Die Arbeitsgruppe hat schwere Maschinenteile zu verladen.

Worauf muß der Meister achten?

Fall 14

Um die Materialwirtschaft zu modernisieren, soll verstärkt die EDV eingesetzt werden. In Ihrer Abteilung ist ein 52jähriger Lagergruppenleiter, der sich „gegen den neumodischen EDV-Kram“ innerlich wehrt. Ansonsten ist der Gruppenleiter umgänglich, und seine Erfahrungen kommen den Kunden zugute.

Sind die Argumente des Gruppenleiters gerechtfertigt? Was sollte der Meister als Führender tun?

Fall 15

In der Gruppe von Meister Fuchs arbeiten zwei 55jährige. Vor einem halben Jahr kam Herr Neuling als Mitarbeiter in die Gruppe, der auch vereinzelt Arbeiten seiner älteren Kollegen übernahm. Dieser Neuling führt die Aufgaben schneller und besser aus als die Älteren, die aber stets behaupten, das sei nicht der Fall. Meister Fuchs überträgt nun Herrn Neuling zusätzliche Aufgaben. Die älteren Mitarbeiter ärgert das: Sie machen „Dienst nach Vorschrift“.

Wie sollte der Meister hier führen?

Fall 16

Es wird Ihnen ein 23jähriger türkischer Mitarbeiter mit befristetem Arbeitsverhältnis zugeteilt. Auf Grund seiner Zuverlässigkeit kann er vielleicht später in ein festes Arbeitsverhältnis übernommen werden. Sie haben die Aufgabe, ihn zu einem wertvollen Mitarbeiter zu formen.

Wie schaffen Sie das?

Fall 17

Einem Ihrer Mitarbeiter muß nach einem schweren Autounfall ein Bein amputiert werden. Er liegt deshalb viele Monate im Krankenhaus. An seinem alten Arbeitsplatz kann er nicht mehr eingesetzt werden.

Worum geht es hier?

Fall 18

Ein 16jähriger Auszubildender kommt vom Urlaub zurück. Vorher, im ersten Ausbildungsjahr, war er unauffällig und recht umgänglich. Nun hat er sich gewandelt, sich einen sog. Irokesen-Haarschnitt zugelegt und sich die Haare gefärbt. Mit flotten Sprüchen kommt er zu Ihnen ins Büro.

Was schließen Sie aus diesem Verhalten?

Fall 19

Bei Ihrem Rundgang durch den Betrieb haben Sie als Meister den Eindruck, daß viele Lagermitarbeiter mit der monotonen Arbeit nicht zufrieden sind. Unterschwellig merken Sie, daß etwas nicht stimmt, obwohl Ihnen offiziell nichts zugetragen wird.

Was ist hier grundsätzlich zu tun? Welche Gestaltungsvorschläge zur Bekämpfung von Monotonie kennen Sie?

Fall 20

Ihnen unterstehen zwei Arbeitsgruppen mit je vier Mitarbeitern. Ab nächster Woche sollen Sie zusätzlich einen jungen Praktikanten zugeteilt bekommen. Dieser soll zur Überbrückung von Engpässen bis zum Studienbeginn ein halbes Jahr beschäftigt werden.

Was tun Sie, wenn Sie die Struktur des Praktikanten-Arbeitsplatzes nicht genau kennen?

Fall 21

In der Nähe des Meisterzimmers befindet sich ein Raum mit vier Mitarbeiterinnen, die mittels Terminals (EDV) die Lagerabgänge und -zugänge erfassen. Durch Reklamationen der Abteilung Rechnungswesen (Buchhaltung) stellen Sie fest, daß besonders in den Nachmittagsstunden eine relativ hohe Fehlerquote vorliegt, während am Vormittag kaum etwas zu beanstanden ist.

Worin können die hohen Fehlerquoten begründet sein? Was sollte der Meister dagegen tun?

Fall 22

Sie erhalten die Aufgabe, achtzehn Mitarbeiter im Fertigungsbetrieb zu führen und den Produktionsbereich organisatorisch neu aufzubauen. Ihr Betriebsleiter fordert sie dazu auf, die Fertigung leistungsfähiger zu organisieren.

Was kann der Meister konkret tun?

Fall 23

Sie werden telefonisch darum gebeten, für morgen früh einen Vorarbeiter zu benennen, der für 4 Wochen in der Nachbarabteilung aushelfen soll. Es handelt sich um eine Versetzung mit Kompetenzerweiterung. In der Nachbarabteilung soll ein wichtiger Versuch mit einer neuen Anlage gestartet werden.

Was ist im Rahmen einer Versetzung zu beachten?

Fall 24

Sie beobachten, daß in einer Ihrer Abteilungen ein Vorarbeiter häufig in die Arbeitsgebiete seiner Unterstellten hineindirigiert. In forschem Ton gibt er fast alle Arbeitsanweisungen selbst. Die Arbeiter sind eingeschüchtert und arbeiten nur nach diesen Anweisungen. Die Unfälle in dieser Abteilung liegen etwa 20% über dem Durchschnitt.

Wie heißt dieser Führungsstil? Wie beurteilen Sie diesen Stil? Welche Folgen ergeben sich daraus?

Fall 25

Im Warenlager soll eine dringend benötigte Warensendung mit Schrauben vorab ausgepackt werden. Der Meister geht zu dem entsprechenden Arbeiter, der gerade eine Bohrmaschine auspackt und sagt: „Sofort aufhören – die Schrauben der Firma Müller müssen zuerst ausgepackt werden!" Darauf verschwindet der Meister. Murrend macht sich der Mitarbeiter an die Ausführung des Befehls.

Welchen Fehler hat der Vorgesetzte begangen?

Fall 26

In Ihrer Abteilung, die Sie als Meister leiten, hat sich der Arbeitsanfall erheblich erhöht. Der Streß ist kaum noch zu bewältigen. Deshalb wird in einem Gespräch mit dem Betriebsleiter beschlossen, mehr menschliche Arbeitskraft durch Maschinen zu ersetzen.

Wie nennt man dieses Vorhaben?

Fall 27

Kurz vor der Mittagspause treffen Sie als Meister einen jüngeren Mitarbeiter zum zweiten Male ohne Sicherheitshandschuhe an. Beim ersten Mal hatten

Sie den Mitarbeiter bereits ermahnt und ihn auf die Unfallgefahren und ihre Auswirkungen hingewiesen.

Wie sollte der Meister jetzt reagieren? Wie kann sich der Meister absichern, daß er die Sicherheitsunterweisung durchgeführt hat?

Fall 28

In letzter Zeit beobachten Sie als Meister, daß die Fehlzeiten einzelner Mitarbeiter überdurchschnittlich hoch sind. Häufig gibt es Streit wegen Nebensächlichkeiten. Auch Sie selbst finden, daß das Betriebsklima nicht sehr gut ist. Bemerkungen Ihrer Mitarbeiter lassen ebenfalls darauf schließen.

Was hat der Meister zu tun, wenn ihm die Gruppensituation nicht klar ist?

Fall 29

Ihnen untersteht seit gestern eine Abteilung im Fertigungsbereich. Diese ist als Liniensystem organisiert. Ein ehemaliger Meister, der vorher Ihre Abteilung leitete und heute Leiter des Absatzlagers ist, macht sich in Ihrer Abteilung wichtig. Er gibt Anweisungen an einen Ihrer Mitarbeiter.

Was ist ein Liniensystem? Darf der ehemalige Meister hier Anweisungen geben?

Fall 30

Sie leiten als Meister eine Gruppe von etwa 10 Personen. Am Jahresende lassen Sie das vergangene Jahr noch einmal Revue passieren und stellen fest, daß sich im Neuen Jahr einiges ändern muß. Sie sind nicht zufrieden mit dem häufigen Personalwechsel in Ihrer Gruppe und sind besorgt wegen des hohen Krankenstandes und den Fehlzeiten.

Wie wirken sich hoher Krankenstand und Fehlzeiten aus?

Fall 31

Ein Betriebsleiter hat neue Prüfungsanweisungen eingeführt, die sein Meister im Betrieb umsetzen soll (Steuerung). Bisher wurde nicht genau festgelegt, wieviel, wie und womit geprüft wird. Der Meister ordnet einfach an, nach den neuen Prüfanweisungen vorzugehen und gibt noch einen bissigen Kommentar dazu, weil er Mehrarbeit auf sich zukommen sieht.

Welchen Fehler hat der Meister begangen?

Fall 32

Sie sind Meister in einem Produktionsbetrieb mit sieben Mitarbeitern. Drei Ihrer Mitarbeiter sind in einem Verein, der für kommenden Samstag den jährlichen Ausflug geplant hat. Sie wissen, daß die drei sich schon seit Wochen darauf freuen. Am Mittwoch davor teilt Ihnen der Betriebsleiter mit, daß für eine plötzliche Reparatur am Samstag voraussichtlich mit allen Leuten gearbeitet werden muß, damit rechtzeitig geliefert werden kann.

Wie kann es der Meister schaffen, daß die Mitarbeiter trotzdem zur Arbeit bereit sind?

Fall 33

Sie sind ein Meister, dem 20 Mitarbeiter unterstellt sind, und Sie stellen fest, daß zwischen Mitarbeitern Probleme bestehen, die das Betriebsklima negativ beeinflussen. Sie nehmen sich vor, die Situation zu verändern, wissen aber nicht, ob es sich um fachliche oder zwischenmenschliche Probleme handelt.

Was sollte der Meister hier tun?

Fall 34

Es finden zur Zeit Tarifverhandlungen statt, die sich festgefahren haben. Um 8 Uhr morgens kommt der Vertrauensmann in Ihr Büro und fordert Sie auf, die Gewerkschaftsforderungen zu unterstützen, indem Sie einen Warnstreik von einer Stunde nach der Mittagspause tolerieren. Sie werden aufgefordert, aktiv mitzuhelfen, die Forderungen durchzusetzen.

Welche Rolle hat der Meister hier zu spielen?

Fall 35

Sie sind als Meister zu einem Seminar delegiert. Am Abend sitzen Sie mit einem Meisterkollegen aus einem anderen Betrieb bei einem Glas Wein und diskutieren über alles mögliche, u. a. über Probleme im Umgang mit Mitarbeitern. Es stellt sich heraus, daß der Kollege erhebliche Schwierigkeiten hat, seine Maßnahmen in seinem Betrieb durchzusetzen. Er wird dort nicht ganz ernst genommen.

Womit hat der Meister Probleme?

Fall 36

Zwischen einer Arbeitsgruppe und einem Meister bestehen seit einiger Zeit permanente Spannungen. Die jüngeren Mitarbeiter verwickeln den Meister häufiger in fachliche Diskussionen, die er oft damit beendet, daß er auf seine Autorität als Meister hinweist.

Wie heißt diese Autoritätsform? Was halten Sie von obiger Reaktion?

Fall 37

Sie erhalten von Ihrem Betriebsleiter und Vorgesetzten den Auftrag, eine sechsköpfige Arbeitsgruppe im Produktionsbereich neu zusammenzustellen. Es sind auch zwei jüngere Italiener in die Gruppe zu integrieren und die entsprechenden Arbeitsplätze sind zu strukturieren.

Was hat der Meister zu tun, um Arbeitsplätze zu strukturieren?

Fall 38

Der Großteil der Mitarbeiter eines Meisters betreibt nebenbei noch Weinbau. Ein Großauftrag macht es erforderlich, daß an mehreren Samstagen Sonderschichten eingelegt werden müssen. Sie fallen ausgerechnet in die Weinlesezeit. Um Unruhe zu vermeiden, hatte der Meister erst wenige Tage vor der ersten Sonderschicht die Situation erklärt. Unter Protest konnte nur mit Mühe und Not eine Sonderschicht aufgestellt werden.

Welchen Fehler hat der Meister begangen?

Fall 39

Wenn der Urlaub für den nahen Sommer festgelegt wird, verschlechtert sich das Klima in der Abteilung eines Meisters spürbar, da sich bestimnmte Mitarbeiter die besten Zeiten sichern. Die Stimmung wird dann gereizt und mißmutig. Das Arbeitsergebnis leidet unter Fehlzeiten. Der Meister fordert dazu auf, sich zu vertragen, unternimmt aber sonst nichts.

Was hätte der Meister nach Ihrer Meinung tun sollen?

Fall 40

Als Meister beurteilen Sie Ihre Mitarbeiter in regelmäßigen Abständen von einem Jahr. Ein Kollege von Ihnen berichtet, daß in einer anderen Abteilung ein Mitarbeiter „weggelobt“ worden sei. Dieser Vorgesetzte wollte offensichtlich den Mitarbeiter los sein.

Was halten Sie von diesem Verhalten?

Fall 41

Mitarbeiter T und Mitarbeiter L kommen persönlich nicht miteinander aus. Sie arbeiten auf relativ engem Raum in einer Batterieabfüllstation zusammen. In Abwesenheit von T füllt L unter Zeitdruck nicht ganz vorschriftsmäßig Säure ab. Er verkleckert dabei versehentlich etwas Säure auf die gute Hose des T, die am Arbeitsplatz lag. Beide kommen erbost zu Ihnen. Sie beschuldigen sich gegenseitig. Es fallen derbe Ausdrücke.

Wie gehen Sie als Vorgesetzter vor?

Fall 42

In einem Industriebetrieb führen Sie sieben Vorarbeiter, die jeweils drei Arbeiter in der Gruppe haben. Am 1. Januar werden zwei neue Vorarbeiter eingestellt, weil die beiden bisherigen Vorarbeiter aufgrund eines Verkehrsunfalls nicht mehr arbeiten können. Am ersten Tag melden sich die beiden Vorarbeiter bei Ihnen.

Wie sollte sich der Meister verhalten?

Fall 43

Durch eine achtlos weggeworfene Zigarette eines Mitarbeiters Ihrer Gruppe entsteht ein kleines Feuer in der Nähe eines Papierlagers. Der Meister herrscht seinen in der Nähe stehenden Mitarbeiter an und gibt ihm Anweisungen, wie er diesen Brand löschen soll.

Um welche Weisungsart handelt es sich?

Fall 44

Ein Mitarbeiter war damit beschäftigt, Rohre einzulagern. Dabei wurden Kran und Drahtseile benutzt. Für die nicht benötigten Drahtseile sind an den Wänden Halterungen angebracht, damit die Seile nicht auf dem Boden liegen. Stolpergefahr soll vermieden werden. Auf Ihrem Rundgang stellen Sie fest, daß dieser Mitarbeiter bereits zum zweiten Mal innerhalb kürzester Zeit die Drahtseile auf dem Boden liegen läßt.

Was sollte der Meister hier tun?

Fall 45

Sie haben einem Mitarbeiter Ihrer Arbeitsgruppe einen schwierigen Arbeitsauftrag erteilt. Die Vollzugsmeldung des Mitarbeiters nimmt der Meister lediglich zur Kenntnis. Er spürt, daß sein Mitarbeiter enttäuscht wirkt.

Warum ist der Mitarbeiter enttäuscht?

Fall 46

Meister Wittig kontrolliert in seiner Werkstatt die Ausführung der Arbeitsaufträge im Beisein seiner Mitarbeiter so gut wie nie. Vielmehr prüft er sie erst nach Dienstschluß, wenn die Mitarbeiter bereits zu Hause sind. Auch am nächsten Tag spricht er im allgemeinen nicht darüber. Er geht Ärger aus dem Wege.

Was hat der Meister falsch gemacht?

Fall 47

In Ihrer Abteilung arbeitet seit vielen Jahren ein Vorarbeiter, dessen Leistungen ständig weit über dem Durchschnitt liegen. Sowohl bei den Mitarbeitern als auch bei den Vorgesetzten ist er sehr beliebt.

Wie führen Sie diesen Mitarbeiter?

Fall 48

Am Freitag, dem 13. des Monats ist nachmittags sehr viel Arbeit in Ihrer Abteilung angefallen. Es ist eine unvorhergesehene, sehr dringliche Arbeit zu verrichten, die einer der drei folgenden Mitarbeiter erledigen muß: Arbeiter Gütig ist gutmütig und immer bereitwillig, muß sich aber auf ärztlichen Rat hin schonen. Arbeiter Zwer ist „schwierig" und „clever". Er verweigerte bereits Arbeiten, die er aus arbeitsrechtlichen Gründen nicht verweigern darf. Arbeiter Enger ist jeweils freitags ehrenamtlicher Jugend-Fußballtrainer. Am Wochenende ist ein wichtiges Spiel.

Begründen Sie, welchen Mitarbeiter Sie für die Arbeit auswählen würden!

Fall 49

Ihr Arbeiter Willi Frech ist einer derjenigen, die ständig quertreiben und Unzufriedene gegen Sie als Meister aufhetzen. Er sucht ständig Konflikte und sagt vor der Gruppe zu Ihnen: „Sie haben hier sowieso nichts zu sagen!"

Wie sollte der Meister reagieren?

Fall 50

Weil sich Ihr Arbeiter, Herr Seltsam, nur selten am Gruppengeschehen beteiligt, wird er in seiner Arbeitsgruppe total abgelehnt. Er ist unkameradschaftlich und ständig mit seiner Arbeit unzufrieden. Gegenüber seinem Meister beklagt er sich darüber, daß man ihn laufend hänselt und auslacht.

Wie sollte ihn der Meister führen?

Fall 51

Bei einem Verkehrsunfall verlor Dieter Pech nicht nur seine Ehefrau, sondern bei einem weiteren Verkehrsunfall auch eines seiner zwei Kinder. Seitdem unterlaufen ihm Fehler, die er früher niemals gemacht hätte. Sie wissen zunächst nichts über die persönliche Belastung von Herrn Pech.

Was sollte der Meister tun?

Fall 52

Sie sind Meister in einer Ausbildungswerkstatt und u. a. dort für die Ausbildung zuständig. Sie haben außer 15 fünfzehnjährigen Auszubildenden auch zwei Neunzehnjährige zu betreuen. Der eine Neunzehnjährige fällt Ihnen auf, weil er uninteressiert wirkt, ständig widerspricht und vor allem lügt. Außerdem ist er nicht gerade als fleißig zu bezeichnen.

Was versteht man unter Retardation? Welche Auszubildenden sind hier gemeint?

Fall 53

Der Mitarbeiter Karl Berger hat es sich bisher bequem gemacht. Er verstand es, „clever“ der Arbeit aus dem Wege zu gehen. Um ein hohes Engagement vorzutäuschen, türmt er „Berge von Arbeit“ auf. Er ist nicht bereit, sich über ein gewisses Maß hinaus anzustrengen.

Wie führen Sie diesen Mitarbeiter?

11. Literaturverzeichnis

Antons, K. — Praxis der Gruppendynamik. 5. Aufl. Göttingen 1992.

Asch, S. E. — Social Psychology. Englewood Cliffs 1952.

Bastine, R. — Gruppenführung. In: C. F. Graumann (Hrsg.), Handbuch der Psychologie, Bd. VII, Sozialpsychologie, 2. Halbband. Göttingen 1972, S. 1654–1709.

Bergemann, N./ Sourisseaux, A. L. J. — Qualitätszirkel. Arbeitshefte Personalwesen, Band 16, Heidelberg 1988.

Berkel, K. — Konflikttraining. Arbeitshefte Führungspsychologie, Band 15, 5. Aufl. Heidelberg 1997.

Beyer, H. T. — Personallexikon. 2. Aufl. München 1991.

Blake, R. R./ Mouton, J. S. — Verhaltenspsychologie im Betrieb. Das neue Grid-Management-Konzept. Düsseldorf/Wien 1980.

Crisand, E. — Psychologie der Persönlichkeit. Arbeitshefte Führungspsychologie, Band 1, 7. Aufl. Heidelberg 1996.

Crisand, E. — Das Gespräch in der betrieblichen Praxis. Arbeitshefte Führungspsychologie, Band 18, 2. Aufl. Heidelberg 1998.

Crisand, E./ Crisand, M. — Know-how der Persönlichkeitsbildung. Arbeitshefte Führungspsychologie, Band 25, Heidelberg 1996.

Crisand, E./ Crisand, M. — Psychologie der Gesprächsführung. Arbeitshefte Führungspsychologie, Band 11, 6. Aufl. Heidelberg 1997.

Crisand, E./ Lyon, U. — Anti-Streß-Training. Arbeitshefte Führungspsychologie, Band 13, 2. Aufl. Heidelberg 1991.

Crisand, E./Kiepe, K. — Psychologie der Jugendzeit. Arbeitshefte Führungspsychologie, Band 12. 2. Aufl., Heidelberg 1996.

Crisand, E./ Reinhard, P. — Methodik der Konfliktlösung. Arbeitshefte Führungspsychologie, Band 23, Heidelberg 1995.

Feige, W. — Einführung und Einarbeitung neuer Mitarbeiter. Personal 1991, S. 50–53.

Freimuth, J. — Die Einführung neuer Mitarbeiter. Personal 1986, S. 200–203.

Frese, H. — Mitarbeiterführung. 4. Aufl. Würzburg 1988.

Frieling, E. — Führung von Behinderten und Leistungsgewandelten. In: A. Kieser, G. Reber, R. Wunderer (Hrsg.), Handwörterbuch der Führung. 2. Aufl. Stuttgart 1995, Sp. 138–146.

Fröhlich, W. — Personalführung. München 1990.

Fröhlich, W. — Führung und Personalmanagement. München/Mering 1996.

Gaugler, E. — Instanzenbildung als Problem der betrieblichen Führungsorganisation. Berlin 1966.

Gaugler, E. — Elemente des kooperativen Führungsstils. In: E. Gaugler (Hrsg.), Verantwortliche Betriebsführung, Festschrift zum 70. Geburtstag von G. Fischer. Stuttgart 1969, S.114–128.

Gaugler, E./ Mungenast, M. — Organisation der Aus- und Weiterbildung. In: E. Frese (Hrsg.), Handwörterbuch der Organisation. 3. Aufl. Stuttgart 1992, S. 237–252.

Gebert, D. — Gruppengröße und Führung. In: A. Kieser, G. Reber, R. Wunderer (Hrsg.), Handwörterbuch der Führung. Stuttgart 1987, Sp. 1048–1056.

Haberkorn, K. — Praxis der Mitarbeiterführung, 8. Aufl. Renningen 1997.

Hanft, A. — Integration neuer Mitarbeiter. Personal 1992, S. 500–505.

Hentze, J. — Personalwirtschaftslehre, Bd. 1, 6. Aufl. Bern/Stuttgart 1994.

Hentze, J./Kammel, A./ Lindert, K — Personalführungslehre. 3. Aufl. Bern/Stuttgart/Wien 1997.

Hersey, P./ Blanchard, K. H. — Management of Organizational Behavior: Utilizing Human Resources, 3rd ed., Englewood Cliffs/New Jersey 1977.

Hofstätter, P. R. — Einführung in die Sozialpsychologie. 5. Aufl. Stuttgart 1973.

Hofstätter, P. R. — Gruppendynamik, Kritik der Massenpsychologie. 18. Aufl. Reinbek bei Hamburg 1996.

Höhn, E. — Der schlechte Schüler. 8. Aufl. München 1980.

Höhn, E./Schick, C. P. Das Soziogramm. Göttingen 1980.

Höhn, E./Seidel, G. Das Soziogramm. Die Erfassung von Gruppenstrukturen. 4. Aufl. Göttingen/Toronto/Zürich 1976.

Höhn, R. Die innere Kündigung im Unternehmen. Ursache, Folgen, Gegenmaßnahmen. Bad Harzburg 1983.

Homans, G. C. Theorie der sozialen Gruppe. 6. Aufl. Opladen 1972.

Huber, K. H. Einführungsprogramme für neue Mitarbeiter. In: E. Gaugler, W. Weber (Hrsg.), Handwörterbuch des Personalwesens. 2. Aufl. Stuttgart 1992, Sp. 763–774.

Hunold, W. Führungstraining für Meister. 3. Aufl. Heidelberg 1996.

Jung, C. G. Psychologische Typen. Gesammelte Werke, Bd. 6. 10. Aufl. Zürich/Stuttgart 1960.

Jung, H. Personalwirtschaft. 2. Aufl. München/Wien 1997.

Kieser, A./Nagel, R. Führung von neuen Mitarbeitern. In: A. Kieser, G. Reber, R. Wunderer (Hrsg.), Handwörterbuch der Führung. Stuttgart 1987, Sp. 1566–1572.

Kieser, A./Nagel, R./Krüger, K. H./Hippler, G. Die Einführung neuer Mitarbeiter in das Unternehmen. 2. Aufl. Frankfurt am Main 1990.

Klausnitzer, J. E. So teste ich meine Führungsqualitäten. München 1986.

Krech, D./Crutchfield, R. S./Ballachey, E. L Individual in Society. New York/San Francisco/Toronto/London 1962.

Kühn, G. Mitarbeiterführung für Ingenieure. 3. Aufl. Berlin/Offenbach 1993.

Leavitt, H. J. Grundlagen der Führungspsychologie. Individuum, Gruppe, Organisation. 2. Aufl. München 1979.

Lehr, U. Psychologie des Alterns. 8. Aufl. Wiesbaden 1996.

Lehr, U./Niederfranke, A. Führung von älteren Mitarbeitern. In: A. Kieser, G. Reber, R. Wunderer (Hrsg.), Handwörterbuch der Führung. 2. Aufl. Stuttgart 1995, Sp. 1–14.

Lersch, Ph.	Der Mensch als soziales Wesen. München 1964.
Lewin, K.	Grundzüge der topologischen Psychologie. Bern 1969.
Lukaszyk, K.	Zur Theorie der Führer-Rolle. Psychologische Rundschau 11, 1960, S. 179–188.
Macharzina, K.	Neuere Entwicklungen in der Führungsforschung. ZfO 1977, S. 7–16 u. S. 101–108.
Marx, A.	Die berufliche Aus- und Fortbildung im Zeichen der technischen und wirtschaftlichen Entwicklung. In: Verantwortliche Betriebsführung, Festschrift für G. Fischer. Stuttgart 1969, S. 232–250.
Mayer, A.	Die Betriebspsychologie in einer technisierten Welt. In: A. Mayer, B. Herwig (Hrsg.), Handbuch der Psychologie. Bd. 9, Betriebspsychologie, 2. Aufl. Göttingen 1970, S. 33–55.
Möhl, W.	Die Einarbeitung neuer Mitarbeiter. Personalwirtschaft 4, 1985, S. 129–135.
Moreno, J. L.	Die Grundlagen der Soziometrie. Köln/Opladen 1954.
Neuberger, O.	Führen und geführt werden, 5. Aufl. Stuttgart 1995.
Olfert, K./Rahn, H.-J.	Einführung in die Betriebswirtschaftslehre, 4. Aufl. Ludwigshafen 1997.
Olfert, K./Rahn, H.-J.	Lexikon der Betriebswirtschaftslehre. Ludwigshafen 3. Aufl. 1998.
Olfert, K./Rahn, H.-J.	Personalführung. Ludwigshafen 1999.
Olfert, K./Steinbuch, P. A.	Personalwirtschaft, 7. Aufl. Ludwigshafen 1998.
Peters, Th., J./ Waterman, R. H.	Auf der Suche nach Spitzenleistungen: Was man von den bestgeführten US-Unternehmen lernen kann. 4. Aufl. München 1983.
Pillat, R.	Neue Mitarbeiter erfolgreich anwerben, auswählen und einsetzen. 6. Aufl. Freiburg 1993.
Rahn, H.-J.	Formen der Aufbauorganisation des betrieblichen Bildungswesens in industriellen Großbetrieben. Eine empirische Untersuchung. Berlin 1984.
Rahn, H.-J.	Betriebliche Führung, 3. Aufl. Ludwigshafen 1996.

Rehn, M. L. Die Eingliederung neuer Mitarbeiter, München/Mering 1990.

Richter, M. Personalführung im Betrieb. Führungswissen für Vorgesetzte. Theorie und Praxis. 3. Aufl. München/Wien 1994.

Rosenstiel, L. v. Grundlagen der Organisationspsychologie. 3. Aufl. Stuttgart 1992.

Rosenstiel, L. v. Führung bei Leistungszurückhaltung. In: A. Kieser, G. Reber, R. Wunderer (Hrsg.), Handwörterbuch der Führung. 2. Aufl. Stuttgart 1995, Sp. 1431–1442.

Rumpf, H. Personalführung. München 1991.

Runde, P. Behinderte Mitarbeiter. In: E. Gaugler, W. Weber (Hrsg.), Handwörterbuch des Personalwesens. 2. Aufl. Stuttgart 1992, Sp. 545–554.

Sader, M. Psychologie der Gruppe. 4. Aufl. München 1994.

Sahm, A. Übungsziel: Führungsverhalten. Verhaltensbezogene Lernprozesse in der betrieblichen Weiterbildung. Berlin 1981.

Schanz, G. Verhalten in Wirtschaftsorganisationen. Personalwirtschaftliche und organisationstheoretische Probleme. München 1978.

Schneider, H. D. Kleingruppenforschung. Stuttgart, 2. Aufl. 1985.

Scholz, C. Personalmanagement. 4. Aufl. München 1994.

Staehle, H. Management, 7. Aufl. München 1994.

Stopp, U. Neue Mitarbeiter richtig in den Betrieb einführen. Der Betriebswirt 1990, S. 31–33.

Striso, W. Ausländische Mitarbeiter. In: E. Gaugler (Hrsg.), Handwörterbuch des Personalwesens. Stuttgart 1975, S. 1303–1312.

Stroebe, R./Stroebe, G. Grundlagen der Führung, Arbeitshefte Führungspsychologie, Band 2. 9. Aufl. Heidelberg 1996.

Titscher, S. Gruppenforschung. In: E. Gaugler, W. Weber (Hrsg.). Handwörterbuch des Personalwesens. 2. Aufl. Stuttgart 1992, Sp. 1009–1030.

Tönsmann, W. Praktische Mitarbeiterführung für Meister und Werkstattführungskräfte. 4. Aufl. Würzburg 1991.

Vogel, N. A. — Führungskräfteentwicklung im Versicherungsunternehmen. Karlsruhe 1987.

Vollmer, G. R. — Ursachen von Erfolg und Mißerfolg im Betrieb. Arbeitshefte Führungspsychologie, Band 17. Heidelberg 1991.

Watzka, K. — Einführung neuer Mitarbeiter ins Unternehmen. Führung und Organisation, 1993, S. 255–263.

Weber, W. — Führung von Gastarbeitern. In: A. Kieser, G. Reber, R. Wunderer (Hrsg.), Stuttgart 1987, Sp. 977–982.

Wiedemann, H. — Mitarbeiter richtig führen. 4. Aufl. Ludwigshafen 1996.

Wiswede, G. — Gruppen und Gruppenstrukturen. In: E. Frese (Hrsg.), Handwörterbuch der Organisation. 3. Aufl. Stuttgart 1992, Sp. 735–754.

Withauer, K. F. — Menschen führen. 6. Aufl. Sindelfingen 1992.

Wolff, G./Göschel, G. — Führung 2000: Der Weg in die Zukunft. Frankfurt a. M. 1987.

Wunderer, R./Grunwald, W. — Führungslehre, Bd. II, kooperative Führung. Berlin/New York 1980.

Zabeck, J. — Didaktik der Berufserziehung. Heidelberg 1984.

Zander, E. — Praxis des Führens. 7. Aufl. Heidelberg 1990.

Zimmermann, K. A. — Kreatives Führungsverhalten. Wiesbaden 1996.

Beiträge des Verfassers zum Thema
(in Zeitschriften und Sammelwerken)

1. Betriebsorientiertes Lernen im Rahmen der Berufsbildung. Das Personalbüro in Recht und Praxis, Gr. 10, 12/1984, S. 1–14
2. Zur Führung von Mitgliedern einer Gruppe. Briefe zur Führungspsychologie. Weinheim 1985, S. 1–4.
3. Zur Führung von Schülern einer Klasse. Erziehungswissenschaft und Beruf 1987, S. 235–241.
4. Führung von Gruppen im Betrieb. Das Personalbüro in Recht und Praxis, Gr. 9, 9/1987, S. 107–118.
5. Führung von leistungsschwachen Schülern. Wirtschafts-Spiegel, 1990, S. 9.

6. Hochstapler – Leistungsschwache Mitarbeiter durch Zielvorgaben aus der Reserve locken. IndustrieMeister, 3/1991, S. 13.
7. Auszubildende in der Gruppe. Die Büroberufe, 4/1991, S. 19–21.
8. Außenseiter integrieren. Industriemeister, 5/1991, S. 14.
9. Informationsmanagement stärkt die Kooperation. Personalwirtschaft 1991, S. 42–45.
10. Leistungsschwache Auszubildende. Die Büroberufe, 6/1991, S. 17–18.
11. Führung von Gruppen im Betrieb, In: Erfolgreich in der Marktwirtschaft. Freiburg/München 1991, S. 405–420.
12. Außenseiter in der Gruppe der Azubis. Die Büroberufe 10/1991, S. 20–21.
13. Neue Azubis in der Gruppe. Die Büroberufe 11/1991, S. 21–22.
14. Informelle Gruppenführer. Die Büroberufe 12/1991, S. 21–22.
15. Problembeladene Auszubildende. Die Büroberufe 1/1992, S. 14–15.
16. Gruppenführung entscheidet über den Erfolg. Personalwirtschaft 7/1992, S. 17–20.
17. Leistungsstarke Auszubildende. Die Büroberufe 5/1993, S. 22–23.
18. Unruhige Auszubildende. Die Büroberufe 10/1993, S. 15–16.
19. Gute Ideen gesucht. Das betriebliche Vorschlagswesen dient dem Fortschritt. IndustrieMeister 15/1994, S. 18–23 (zus. mit Prof. Olfert).
20. Gruppenführung im Unternehmen. IndustrieMeister 3/1996, S. 30–33.
21. Möglichkeiten der Führung durch den Meister. IndustrieMeister 4/1998, S. 7–8.

Notizen

Notizen

Notizen